羽毛球运动教学与训练选修课教程

朱建国　编　著

清华大学出版社

北　京

内 容 简 介

本书根据全国体育院校本科教学计划的培养目标、教学任务、教学时数、教学内容及考核要求编写，着眼于培养羽毛球运动的专门人才。

本书以羽毛球运动的基本知识和训练方法理论为切入点，在分析羽毛球教学与训练基本理论与理念的基础上，有针对性地对羽毛球运动的基本技术、基本战术、羽毛球游戏、羽毛球竞赛规则、裁判法等方面进行了深入的研究，重点阐述了羽毛球运动的基本理论和基本技术、战术原理，并在传统的技术图示基础上通过技术处理加上技术动作视频演示，使读者能更直观、方便地学习技术动作和训练方法。

本书适合作为大学生学习羽毛球运动相关知识，参加羽毛球运动技能训练的教材使用，也可作为羽毛球运动爱好者的参考书。

图书在版编目(CIP)数据

羽毛球运动教学与训练选修课教程/朱建国编著. —北京：清华大学出版社，2020.7（2025.7重印）
ISBN 978-7-302-54729-7

Ⅰ. ①羽… Ⅱ. ①朱… Ⅲ. ①羽毛球运动—体育教学—高等学校—教材 ②羽毛球运动—运动训练—高等学校—教材 Ⅳ. ① G847.2

中国版本图书馆 CIP 数据核字(2019)第 300389 号

责任编辑：陈冬梅　桑任松
封面设计：刘孝琼
责任校对：周剑云
责任印制：宋　林
出版发行：清华大学出版社
　　　　网　　　址：https://www.tup.com.cn，https://www.wqxuetang.com
　　　　地　　　址：北京清华大学学研大厦 A 座　　　邮　　编：100084
　　　　社 总 机：010-83470000　　　　邮　　购：010-62786544
　　　　投稿与读者服务：010-62776969, c-service@tup.tsinghua.edu.cn
　　　　质量反馈：010-62772015, zhiliang@tup.tsinghua.edu.cn
　　　　课件下载：https://www.tup.com.cn, 010-62791865
印 装 者：三河市人民印务有限公司
经　　销：全国新华书店
开　　本：185mm×260mm　　　印　张：13.5　　　字　数：327 千字
版　　次：2020 年 7 月第 1 版　　　印　次：2025 年 7 月第 6 次印刷
定　　价：45.00 元

产品编号：082876-01

前　言

　　本书是根据全国体育院校本科教学计划的培养目标、教学任务、教学时数、教学内容及考核要求，在总结若干年来各体育院校羽毛球课程教学实践的经验和继承不同时期出版的各类羽毛球教材优点的基础上，重视吸收国内外羽毛球运动发展中的先进理论与实践内容，经过参编团队多次认真讨论研究，听取和征求多所体育院校羽毛球教学工作者的意见，特别是在征求对其他羽毛球教材使用反馈意见基础上，集思广益，分工负责撰写而成的。

　　本书着眼于为培养体育专门人才的实际需要，坚持继承与创新、改革与发展；坚持实事求是，从本科羽毛球课程的选修课教学实际出发；坚持突出教学性、针对性、实用性、科学性、先进性、时代性，力求从羽毛球选修课教学体系和教学内容、教学手段与方法上有所突破，使学生能适应未来工作的需要。

　　本书以羽毛球运动的基本知识和羽毛球教学与训练的方法理论为切入点，在分析羽毛球教学与训练基本理论与理念的基础上，有针对性地对羽毛球运动的基本技术教学、基本战术教学、羽毛球游戏、羽毛球竞赛规则、裁判法等方面进行了深入的研究，重点阐述了羽毛球运动的基本理论和基本技术、战术原理。并在传统的技术图示的基础上通过技术处理加上技术动作视频演示，使读者能更直观、方便地学习技术动作和训练方法。适应当代大学生参与羽毛球运动训练和学习羽毛球运动技能的相关知识，对羽毛球运动参与者的科学训练和技术水平的提升具有重要的理论和现实意义。

　　本书共分为六章。第一章为羽毛球运动概述，简要阐述了羽毛球运动的起源与发展、运动场地与器材、羽毛球运动击球相关要点以及一些其他基础概念知识；第二章介绍羽毛球运动的基本技术，重点介绍了羽毛球的前场技术、中场技术、后场技术和步法训练。第三章介绍羽毛球运动的基本战术。第四章介绍羽毛球运动的基本球路训练，通过基本球路训练让初学者掌握简单的羽毛球战术。第五章介绍羽毛球游戏，让大家在游戏中感受羽毛球运动的趣味性。第六章对羽毛球运动的竞赛规则和裁判法进行了详细的讲解，让大家能够清楚地知道羽毛球竞赛安排规则和裁判法则，能够组织一般的社会羽毛球比赛。

　　本书由南京体育学院副教授朱建国编著，并对全书内容进行了审核和修改。其他人员编写分工如下：葛志强编写第一章和第二章，邵嘉惠编写第三章和第四章，袁露编写第五章，刘冬冬、徐洪编写第六章，最后由张俊杰、张杨、许馨元对本书校正与修改。在此感谢全体编写组成员辛勤的付出！整本书内容充实、结构清晰，重点对羽毛球运动理论知识的分析与阐述，训练实践的应用研究，是一本科学性、系统性、专业性较强的教材，能有效地指导羽毛球爱好者及专业运动员进行科学训练，快速提高羽毛球爱好者的技术水平及专业运动员的竞技能力。

在撰写本书的过程中，参考并引用了有关专家、学者的理论和资料，在此一并表示由衷的感谢。由于撰写水平和时间有限，书中错漏和不足之处在所难免，恳请专家和读者批评指正。

编　者

目　录

第一章　羽毛球运动基础理论

第一节　羽毛球运动的起源与发展

羽毛球运动的起源众说纷纭，相传 14—15 世纪时，在日本出现了木制的球拍、用樱桃核插上羽毛制成的球来回对打的运动，这便是羽毛球运动的雏形。但由于这种球不够坚固耐用，飞行速度又太快，故风行一时后又逐渐消失了。

大约在 18 世纪，印度的普那出现了一种与早年日本的羽毛球运动极为相似的游戏，当时的球是用直径约 6cm 的圆形硬纸板、中间挖个孔、插上羽毛制成，与我国的毽子类似，当时，印度称此项运动为"普那"。

现代羽毛球运动出现于 19 世纪。大约 1870 年，在英国出现了用羽毛、软木制成的球和穿弦的球拍，如图 1-1 所示。1873 年，英国公爵鲍弗特在格拉斯哥郡伯明顿镇的庄园里进行了一次羽毛球游戏，当时的场地呈葫芦形，中间狭窄处挂网，从此，羽毛球运动便逐渐开展起来，如图 1-2 所示，"伯明顿"即成了羽毛球的名字，英文的写法是"BADMINTON"。直至 1901 年，羽毛球场才改为长方形的场地，如图 1-3 所示。

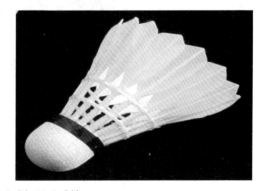

图 1-1　现代羽毛球与羽毛球拍

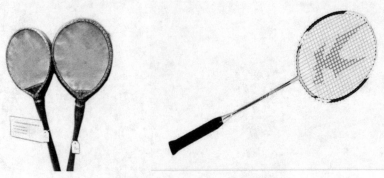

图 1-1　现代羽毛球与羽毛球拍(续)

图 1-2　早期羽毛球运动

图 1-3　长方形羽毛球场地

　　1875 年，世界上第一部《羽毛球运动规则》(草拟)于印度普那发布，3 年后英国又制定了更为完善和统一的规则，当时规则的不少内容至今仍无太大改变。

　　1893 年，英国的 14 家羽毛球俱乐部倡议组成了世界上第一个正规的羽毛球协会，进一步修订了规则，重新规定了统一的场地标准。1899 年，该协会举办了首届全英羽毛球锦标赛。

　　1934 年，由英国、加拿大、丹麦、爱尔兰、法国、荷兰、新西兰、苏格兰和威尔士等国家发起并成立了国际羽毛球联合会(简称"国际羽联")，总部设在伦敦。从此，羽毛球真正成为一项世界性的体育运动。1934—1947 年，这一时期丹麦、美国、英国、加拿大等国选手称雄于国际羽坛。

一、世界羽毛球运动的发展

20 世纪上半叶，羽毛球运动在欧美迅速发展。英国、丹麦、美国、加拿大等国家的羽毛球运动技术水平发展很快。在 1947 年全英羽毛球锦标赛上，丹麦取得了 5 个单项中的 4 项冠军，第二年又囊括了全部 5 个单项冠军。美国继 1949 年全英锦标赛首次夺得男单冠军后，女子又创造了第 1、2、3 届"尤伯杯"赛的"三连冠"战绩。这一时期，羽毛球技术风格突出的特点是慢和稳，打法多以慢拉慢吊为主。

1948—1949 年，国际羽联在英国普雷斯顿举办了首届世界男子羽毛球团体锦标赛——"汤姆斯杯"赛。在首届比赛中，马来亚(后改名为马来西亚)队荣获了团体冠军，开辟了亚洲人称雄国际羽坛的新时代。在 1948—1979 年的 11 届"汤姆斯杯"赛中，印度尼西亚队获得了 7 次冠军，马来西亚队获得了 4 次冠军。

20 世纪 60 年代中后期，中国羽毛球运动开始走向世界。中国选手在学习欧亚强手先进技术、战术的基础上，着重在基本手法和步法上进行大胆革新，创造出一整套独特的训练方法。在"快、狠、准、活"技术风格和"以我为主、以攻为主、以快为主"战术风格的指导下，中国选手在双边比赛中两度击败世界冠军印尼队和战胜北欧劲旅丹麦、瑞典等强队。但由于中国当时没有加入国际羽毛球联合会，不能参加正式的世界比赛，所以这段时期中国羽毛球运动被誉为世界羽毛球运动的"无冕之王"。

1978 年 2 月，世界羽毛球联合会于中国香港成立，当年在泰国举办了第一届世界羽毛球锦标赛，并于第二年在中国杭州举办了世界羽毛球联合会第一届世界杯赛和第二届世界羽毛球锦标赛。

1981 年 5 月 25 日，在各方共同努力下，国际羽毛球联合会和世界羽毛球联合会正式合并，结束了世界羽毛球界的分裂局面，促进了世界羽毛球运动的发展。

世界羽联和国际羽联合并后，推动了这项运动的发展，而亚洲选手占据了世界羽毛球比赛的优势地位，男子以中国、印尼、韩国、马来西亚为龙头，女子以中国、印尼、韩国和日本为首，几乎垄断了"汤姆斯杯""尤伯杯""苏迪曼杯"以及世界锦标赛等世界各种大型比赛中的各项桂冠。亚洲选手在原来快攻打法的基础上，全面提高了控制与反控制的技术能力，世界羽毛球运动技术、战术都进入全面发展时期。1992 年羽毛球运动成为奥运会的比赛项目，设有男子、女子单打和男子、女子双打 4 个比赛项目。在 1996 年亚特兰大第 26 届奥运会上，羽毛球比赛增设混合双打项目，使其金牌总数达到 5 枚，成为奥运会隔网对抗项目中金牌数量最多的一个竞赛项目。

目前，国际羽联管辖下的世界性羽毛球大赛有："汤姆斯杯"赛(即男子团体赛)，1948 年开始每 3 年举办一届，从 1982 年起改为每两年一届，现已举办过 25 届；"尤伯杯"赛(即女子团体赛)，1956 年开始每 3 年举办一届，从 1982 年起改为每两年举办一届，现已举办过 22 届；世界锦标赛(即 5 个单项比赛)，1972 年开始每 3 年举办一届，从 1983 年起改为每两年举办一届，现已举办过 15 届；世界杯赛(即 5 个单项比赛)，1981 年开始每年举办一届，现已举办了 28 届；"苏迪曼杯"混合团体赛，1989 年开始每两年举办一届。

二、中国羽毛球运动的发展

20 世纪 20 年代末至 30 年代中期，羽毛球运动传入中国，但在新中国成立前，从未举办过全国性的羽毛球比赛，仅上海、天津、北平和广州开展这项运动。新中国成立后，羽毛球项目很快成为我国体育运动的重点项目之一。1953 年，在天津举办了第一次全国羽毛球比赛。

1954 年，印尼侨生王文教、陈福寿、黄世明、施宁安等具有较高羽毛球技术水平又有爱国热情的赤子回到祖国，极大地推动了我国羽毛球运动的发展。在国家有关部门的支持下，在福建省组建了以王文教、陈福寿等为主力的羽毛球队。江苏省将黄世明、施宁安等请到上海，成立了上海羽毛球队。这些球队的成立推动了全国竞技羽毛球运动的发展。在 1959 年第一届全国运动会上，福建队以绝对优势取得了男单、男双、女单和女双的冠军，并取得团体总分第一名的成绩。从此，福建便成为我国开展羽毛球运动的重要基地。这批来自印尼的归侨为中国羽毛球运动带来了当时最先进的技术、战术训练思想、方法和竞赛手段，成为中国竞技羽毛球运动起步的引路人。

1958 年 9 月，中国羽毛球协会正式成立。在成立大会上，中国羽毛球协会根据世界羽毛球运动的发展状况，确定了全国羽毛球竞技运动发展目标，提出了"十年之内打败世界冠军"的口号。

受当时中国所处国际环境影响，中国羽毛球协会未能与国际羽毛球联合会建立起正常联系，中国羽毛球队失去了很多参加国际大赛的机会。缺乏国际大赛经验的中国羽毛球队，在与一些羽毛球强国的互访赛、交流赛、对抗赛中进行相互了解和技术交流，并且取得一些佳绩。1963 年和 1964 年，中国队曾两次大比分击败了当年的世界冠军印尼队。1965 年中国队征战欧洲取得了全胜战绩。在丹麦的比赛中，汤仙虎于 1963—1975 年期间，在与外国羽毛球选手比赛中保持了全胜战绩。中国羽毛球队赢得了国际羽坛"无冕之王"的称号。这是中国羽毛球运动的第一个"黄金时期"。

随着中国改革开放进程的推进，中国羽毛球运动进入世界体坛，逐步迎来了高峰发展时期。1981 年 5 月，国际羽联和世界羽联正式合并，中国羽坛健儿正式步入了世界比赛的最高舞台。1982 年 3 月和 5 月，我国羽毛球健儿又在全英锦标赛和"汤姆斯杯"赛中再创辉煌，勇夺冠军。1986 年、1988 年我国连续两次获得"汤姆斯杯"和"尤伯杯"的双冠军。1987 年的世界锦标赛和 1988 年的世界杯赛的 5 项冠军都被我国健儿囊括，创造了一个国家选手连续囊括世界级比赛 5 个单项冠军的最高纪录。

1988 年汉城奥运会上，羽毛球被列为奥运表演项目。4 年后，1992 年巴塞罗那奥运会上羽毛球被列为正式比赛项目。此时，我国正步入新老队员交替的阶段，故在此届赛会上只夺得女双亚军。

1993 年，中国国家羽毛球队教练员班子大换班，总教练王文教和副总教练陈福寿、侯家昌均退役，由李永波任副总教练(后转为总教练)、李玲蔚、李矛、田秉毅出任教练组负责人，承担起对新一代运动员的培养任务。

1994 年广岛亚运会上，中国队虽无一枚金牌入账，但已培养出一批年轻新手，于1995 年开始走出低谷，首次夺得"苏迪曼杯"冠军。

1995 年在世界锦标赛上叶钊颖夺得女单冠军。

1996 年亚特兰大奥运会上，葛菲、顾俊夺得女双冠军，实现了我国羽毛球项目在奥运会上金牌"零"的突破。

1997 年我国运动员再次夺得"苏迪曼杯"冠军。同时，在世界锦标赛上获得女单、女双和混双三块金牌，开始了再铸辉煌的历程。

2000 年悉尼奥运会上，我国运动员吉新鹏夺得男单冠军，龚智超夺得女单冠军，葛菲和顾俊再次夺得女双冠军，张军和高崚夺得混双冠军。

2001 年，我国运动员又一次夺得"苏迪曼杯"冠军。在世锦赛上龚睿娜夺得女单冠军，高崚、黄穗夺得女双冠军，高崚、张军夺得混双冠军。

2003 年在世锦赛上，夏煊泽夺得男单冠军，张宁夺得女单冠军，高崚、黄穗夺得女双冠军。

2004 年团体赛中国羽毛球队夺得汤、尤杯双冠军，并在第 28 届奥运会上张宁夺得女单冠军，张军、高崚夺得混双冠军，杨维、张洁雯夺得女双冠军。

2005 年，夺得"苏迪曼杯"冠军，在世锦赛上谢杏芳夺得女单冠军，杨维、张洁雯夺得女双冠军。在世界杯上林丹夺得男单冠军，蔡赟、傅海峰夺得男双冠军，谢杏芳夺得女单冠军，杨维、张洁雯夺得女双冠军，谢中博、张亚雯夺得混双冠军。

2006 年，在日本东京夺得汤、尤杯冠军，在世锦赛上谢杏芳夺得女单冠军，林丹夺得男单冠军，蔡赟、傅海峰夺得男双冠军，高崚、黄穗夺得女双冠军。

在世界杯上林丹夺得男单冠军，高崚、黄穗夺得女双冠军，王仪涵夺得女单冠军。

2007 年，夺得"苏迪曼杯"冠军，在世锦赛上朱琳夺得女单冠军，林丹夺得男单冠军，杨维、张洁雯夺得女双冠军。

2008 年，在印尼雅加达夺得汤、尤杯双冠军，并在举世瞩目的 2008 年第 29 届北京奥运会上夺取了除男子双打和混合双打以外的 3 项冠军。

2012 年伦敦奥运会上，中国羽毛球队共获得 8 枚奖牌，其中 5 金 2 银 1 铜，包揽了羽毛球单项比赛的所有金牌。

2016 年里约奥运会上，中国羽毛球队共获得 3 枚奖牌，包括谌龙获得男单冠军，傅海峰和张楠获得男双冠军，张楠和赵芸蕾获得混双季军。

第二节　羽毛球运动场地与器材

一、场地

羽毛球运动场地长为 1340cm，双打场地宽为 610cm、单打场地宽为 518cm，如图 1-4、图 1-5 所示。

按国际比赛(国际羽联)规定，整个球场上空高度不得低于 9m，在此高度之内不得有任何横梁或其他障碍物，球场四周 2m 以内不得有任何障碍物。任何并列的两个球场之间，最少应有 2m 的距离。球场四周的墙壁最好为深色，不能有风。国际重大比赛必须严格按照上述规定执行。一般比赛，如场地条件不完全符合标准时，经有关部门批准可以酌情改变。

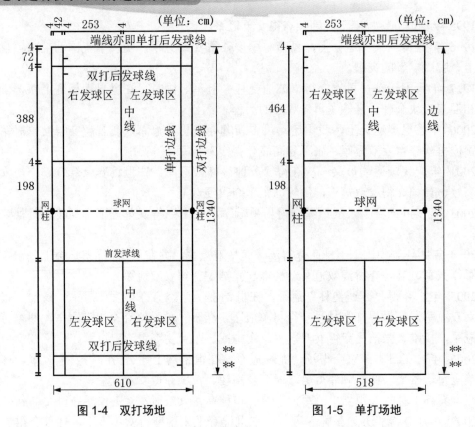

图 1-4　双打场地　　　　　图 1-5　单打场地

二、球网

羽毛球网长 610cm、宽 76cm，用优质深色的天然或人造纤维制成，网孔大小在 15～20mm 之间，网的上缘应缝有一道宽 75mm 的对折白布边，用绳索或钢丝穿起来，适当拉紧，使之和网柱顶端持平。

三、网柱及网高

如图 1-6 所示，从球场地面算起，网柱高(即网高)1.55m。网柱应放置在双打球场的边线上，球网中部上沿离地面高 1.524m。如不能设置网柱，则必须采用其他办法标出边线通过网下的位置。

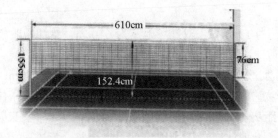

图 1-6　网柱和网高

四、羽毛球

羽毛球可采用天然材料或人造材料或两者混合制成。

1. 样式规格

羽毛球应用 16 根羽毛插在半球形的软木球托上。软木球托的直径为 25～28mm，托底为圆形，包有一层白色薄皮革或类似材料制成的皮。羽毛从托面至羽毛尖长 62～70mm。羽毛上端围成圆形，直径为 58～68mm。在球托上 1.25cm 和 2.5cm 处，用线或其他材料将羽毛扎牢，一般比赛也可用泡沫头制成的球或尼龙球，如图 1-7 所示。

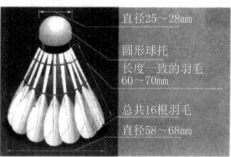

图 1-7　羽毛球结构

2. 重量

羽毛球的重量应为 4.74～5.50g。

3. 飞行速度

当运动员从端线用低手充分向前上方击球与边线平行，球能落到另一端线线内 53～99cm 之间，则认为此球的飞行速度正常。

在一般业余比赛或非正式比赛中，当球过轻或过重、球速过慢或过快时，经主办单位同意，可采用以下措施使球的飞行速度变为正常：当球过轻、球速过慢时，可在球托中间位置加 1～2 个小钉子，以增加球托重量，使球速变快，也可向内翻折羽毛，缩小羽毛口径，以增快球速；当球过重、球速过快时，可在球托中间挖去一部分软木，以减轻球托重量，使球速减慢，也可向外翻折羽毛，增大羽毛口径，以减慢球速。

羽毛球有比赛用球和训练用球之分，都是室内用球。比赛用的高级羽毛球大部分是用鹅毛制成，训练用的中、低级羽毛球大部分是用鸭毛制成。在室外训练有时也用室内球，但用泡沫头球及塑料球较合适。

我国是羽毛球生产大国，品牌甚多，有些是全国比赛用球，质量均属上等，可根据经济条件和训练环境加以选择。

五、球拍

球拍总长度不超过 68cm，宽不超过 23cm，球拍框为椭圆形，拍弦面长不超过 29cm，宽不超过 22cm。球拍不允许有附加物和突出部。不允许改变球拍的规定式样。球拍重在 78～120g 之间(不包括弦的重量)。拍框当中用羊肠线或化纤尼龙线穿织而成。球拍的一端有握把，把长 39.5～40cm，直径不得超过 2.8cm，如图 1-8 所示。

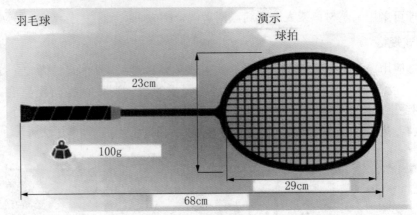

原为木料，先设计为金属、石墨或碳素材料

图 1-8　球拍示意图

要想从事羽毛球运动，首先要有一支称心、适用、弹性好、轻重适宜的好球拍。目前市场上能购得的上弦的球拍，一般都是中、低档的，上弦不紧、球弦弹性质量差，致使球拍的弹性也较差，影响球的飞行速度和远度。因此，自己学会选拍、上拍弦以及修补球拍断弦，不仅省时省钱，更重要的是能够称心适用。

下面对选拍、选拍弦作简单的介绍。

1. 球拍的选购

目前，我国市场上出售的羽毛球拍式样繁多，可归纳为以下 4 种类型。

①　全碳素外加钛、纳米成分一体成型羽毛球拍，目前世界级选手及经济条件许可的爱好者都使用这种类型的球拍，如现在国家队使用的日产 YONEX 球拍，各省市队使用的威克多、凯胜、波利、佛雷斯、富利特、伟士等国产名牌球拍。

②　中档的碳素杆，拍框为铝合金。

③　钢杆铝合金拍，为中低档球拍。

④　钢杆木框羽毛球拍和木制羽毛球拍。

在挑选球拍时，应根据个人的经济条件和爱好选购不同档次和型号的拍子，无须追求名牌产品。一般来讲，全碳素外加钛、纳米成分一体成型的羽毛球拍，其性能差距不大，都较轻，弹性好，牢固性也好，可是价格差别很大。有一定技术水平的选手或爱好者，如属攻击型者，使用的球拍可略重一些的，以增加攻击威力；如属守中反攻或防守型者，球拍可选略轻些的，以利于更灵活地挥拍防守。儿童一般以选用特制的儿童羽毛球拍为宜，其拍柄较细，以利握拍。

在选择球拍时还要注意球拍的弹性，主要是看拍杆在扳动时是否有一点儿弯度，几乎没有弯度的拍子其弹性差，不好用。由三通连接的球拍，如碳素杆加铝合金框，其连接处较易断裂或脱胶，因此，选拍时应仔细检查：将球拍框轻微扭动一下，有响声或松动的不宜选用。

2. 球弦的选购

羽毛球拍弦的种类很多，主要有化纤弦、尼龙弦、羊肠弦、牛筋弦，目前市场上均有供应。化纤弦是最常用的高档弦，如日产 YONEX 牌 BG65-90 型弦、美国产的雅沙维弦、日产的戈杉弦等多种型号；北京产的羊肠弦弹性好，但易断。尼龙弦是较低档的球弦，其弹性一般，易随气候变化而热胀冷缩，但价格相对便宜。

六、辅助器材

1. 主裁判椅

椅子座位高约 1.4m，在左右扶手间应设一搁板，让主裁判放置记分板，椅子的四脚应稍微张开，使椅子的重心稳固，这样主裁判在上下椅子时不会摇晃，如图 1-9 所示。

图 1-9 主裁判椅

2. 发球裁判椅

一般常用的靠背椅子即可，但应注意不要使用铁脚椅子，以免损坏场地，如图 1-10 所示。

图 1-10 发球裁判椅

3. 司线员椅

司线员椅的要求同发球裁判椅。

4. 衣物筐

衣物筐用于运动员进场后放置备用球拍、毛巾、运动衣及饮用水等，筐的尺寸为长约80cm、宽约60cm、高30cm，要能容下球拍袋和一般的运动包，如图 1-11 所示。单打比赛时在主裁判椅的两侧各放置一个，双打比赛时在主裁判椅的两侧各放置两个。

图 1-11　衣物筐

5. 放球箱

临场比赛时的用球一般都由发球裁判员保管，所以在发球裁判员的椅旁应放置一个球箱，比赛时备用的新球整筒放置，而换下的旧球就直接丢在箱内，在比赛间隙或在一节比赛结束时再收集整理。球箱的长、宽和高都略大于球筒即可，如图 1-12、图 1-13 所示。

图 1-12　放球箱

图 1-13　放球箱位置

6. 干拖把

比赛场地表面如果有了水(运动员滴下的汗水、运动员摔倒在地或其他原因使场地潮湿),就应立即用干拖把将水擦干,如图 1-14 所示。要保证拖把有良好的吸水性能,每个场地应备有两个干拖把,每边各一个。

图 1-14 干拖把

7. 暂停标志

当比赛打成局数 1∶1 时,在场地中央的网下须放置暂停标志,使观众知道现在局数为 1∶1。暂停标志的高度约为 50cm,圆锥体、三角形或四面体均可,主要是醒目和便于发球裁判员挪放,如图 1-15 所示。

图 1-15 暂停标志

8. 量网尺

量网尺是宽 4cm、长 1.70m 的木质或铝合金制的直尺,在 1.524m 和 1.55m 处画有标记,如图 1-16 所示。

9. 记分垫板

记分垫板是主裁判员临场执裁时垫写记分表用,板的尺寸要大于 A4 纸,用硬质的有机玻璃或塑料板都可以。

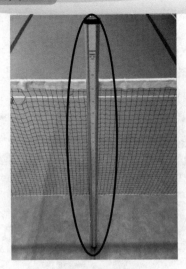

图 1-16　量网尺

10. 比分显示器

羽毛球比分显示器的分数应由 0～30 组成，局分由 0～2 组成，场分由 0～5 组成。简易的比分显示器可以用手翻动。正式的比赛，电子记分显示器是理想的选择。比分显示器的灯光亮度不能太大，以免影响运动员的视觉，如图 1-17 所示。

图 1-17　比分显示器

第三节　羽毛球运动击球相关要点

一、击球基本线路

击球线路是指球被运动员击出后在空中运行的轨迹和场地之间的关系。

羽毛球运动员击球线路之多是无法胜数的，这里只研究决定羽毛球线路规律的几条基本线路。

下面仅以运动员(右手持拍)正手击出 3 条球路来分析球的路线名称。第一条从自己的右方打到对方的左方(线路与边线平行)，可称为直线；第二条打到对方的右方(线路与边线有较大的角度)，可称为对角线；第三条打到对方的中线(击球线路与边线有较小的角度)，可称为中路，如图 1-18 所示。同理，反手后场(中场、前场)的三条基本击球线路，也可这样称呼。在具体称呼时，可与正手、反手结合在一起，如正手直线、正手中路、正手对角线、反手对角线等。若在中线击球时，可这样称呼：打到对方场区的左方为左方斜线，打到对方场区的右方为右方斜线，打到中间的为中路球。在对羽毛球线路的称呼上应注意以下问题：首先要看击球点和球的落点靠近哪里，击球点靠近右边线，而落点靠近中线，都称为正手中路球；其次要根据击球时所用技术名称，如反手搓球，可称为反手搓直线、反手搓中路球等。

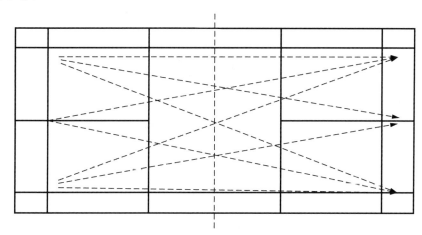

图 1-18　羽毛球基本击球线路

羽毛球基本击球线路如下。

(1)　左方直线。

(2)　中路直线。

(3)　右方直线。

(4)　右方斜线(右方对角线)。

(5)　左方斜线(左方对角线)。

而根据击球运动员站位不同(左、中、右)，每个位置又可分别击出直线、中路、斜线，由此又可派生出 9 条线路。羽毛球的击球线路之多无法尽数，但其基本线路就这几条，只要掌握了其规律，对训练和比赛都是大有益处的。

二、击球点

击球点是运动员击球时球拍与球相接触那一点的时间、空间位置。

击球点包括以下三个方面的内容。

①　拍和球的接触点距地面的高度。

②　接触点距身体的前后距离。

③　接触点距身体的左右距离。

对击球点选择得是否合适，将决定着击球质量的好坏，它将直接影响运动员击球的力量、速度、弧线、落点，最终影响运动员击球的命中率，造成失分，甚至失败。因此选择合适的击球点至关重要。选择合适的击球点应做到以下两点：一是判断要准，二是步法移动要到位(步法要快)。只有做到这两点才能使拍击在球的最合适位置，击球点才有保障。

三、击球方式

1. 正拍击球

用掌心一边的拍面击球称为正拍击球。

2. 反拍击球

用手背一边的拍面击球称为反拍击球。

3. 头顶击球

选手用正拍拍面击打反手区的上手球称为头顶击球。

4. 体侧击球

来球位于选手的正手位或反手位的对球手的身体侧面进行击球称为体侧击球。

5. 上手击球

击球点在选手肩部以上的击球称为上手击球。

6. 下手击球

击球点在选手肩部以下的击球称为下手击球。

7. 高点击球

击球点在选手所能触及最高点的击球称为高点击球。

四、击球力量

(一)击球力量的概念

击球的力量是指运动员用拍击球时，球拍对球的作用力的大小。

在羽毛球运动中，击球力量的大小将直接影响击球的质量，较大的击球力量将使对手没有充分的时间判断来球，即使判断正确，也可能由于没有时间移动步伐而造成回球失误。击球力量的大小，主要体现在球运行的速度上。对同一运动员来说，他所使用的球拍重量是一定的，那么增大击球力量的方法就只有增加挥拍的加速度。加速度是指速度的变化和发生这段速度变化的时间之比。可以这样说：增加羽毛球击球力量的原理是增加击球的加速度(挥拍的加速度)，而增加加速度的方法又是通过增加挥拍的即时速度而获得。

(二)增加击球力量的方法

1. 增加挥拍的加速距离

加速距离较长，球拍具有的能量就大，击球时传给球的能量也就大。

2. 击球时要靠身体各部位的协调配合

仅仅靠前臂、手腕将球拍快速挥动是有不定期困难的，因此必须靠腰的转动，腿的蹬地，上臂、前臂、手腕、手指的多种力量，既有局部肌肉本身的发力，又有其他部位肌肉发力传导过来的动量，最后汇聚到一起共同完成快速的挥拍动作。

3. 击球前身体各部位要放松

使身体各部肌肉尤其是主动肌放松，并得到充分的拉长(拉长肌肉的初长度有利于发力)，挥拍也要放松，在击球时再握紧球拍，这样不仅能发力击球，而且还不易疲劳。

4. 选择合适的击球点

击球点选择得好，能使动作得以充分完成，只有动作完成才能正确运用击球技术，正确的击球动作是充分发挥击球力量的保证。

5. 提高运动员的力量素质

主要是提高指、腕、前臂内旋、外旋，上臂绕环，腰的转动，伸腰、收腰，下肢的蹬、跳等力量。而以上身体部位力量的提高，应侧重于爆发力，这是提高击球力量最根本的要点。

五、击球速度

1. 球的速度

球的速度是指球被球拍击出后在空中飞行的快慢，以及球被球拍击出后落到对方场区所需时间的长短。

2. 球速的决定因素

(1) 取决于对方击球的位置和击球的方式。

(2) 取决于我方击球所采用的方式、击球时间、击球力量的大小、弧线的高低、落点的远近。

3. 提高球速的方法

提高球速具体有以下几种方法。

(1) 加快回球速度。回球速度的快慢完全可以由自己控制，因此这是加快回球速度的最主要方法。提高回球速度有以下几种方法：一是增加击球的力量($F=ma$)，并将力量完全用于打击球上，这样球向前的速度就快了；二是控制好球拍的角度和拍面的方向，控制适当的弧线和落点；三是选好合适的击球点。

(2) 加快判断速度、移动速度、前后场技术、正反手技术的连接速度。这些速度是提高球速的基础，它们之间是相互依存、相互制约、相互促进的关系，必须同时加速。

(3) 提高速度素质。即提高反应速度、提高移动速度，主要是步法的移动速度。动作速度的提高主要是手臂、手腕、手指动作速度的提高。另外，要速度与力量相结合，提高速度耐力，只有这样才能加快球的速度。

六、击球弧线

(一)球的弧线

由于球的重力作用，羽毛球被运动员击出后，在飞往对方场区的过程中总是呈弧线运行的，即使是强有力的杀球也不例外，只不过球飞行时呈现的弯曲程度较小罢了。通常将羽毛球在运行中呈现的这种弧线轨迹称为球的弧线。

(二)球的弧线的内容

球的弧线包括以下几方面的内容。

1. 弧线的长度

如图 1-19 所示，从甲点击球落到乙点，弧线的长度是指球运行的实际轨迹的长度。

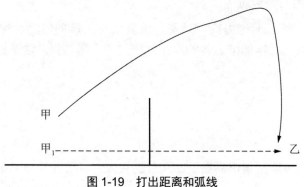

图 1-19 打出距离和弧线

2. 弧线的曲度

弧线的曲度是指弧线的弯曲程度。

3. 打出距离

打出距离是指弧线投影在地面上的直线距离。

羽毛球弧线的特点是球刚被击出时弧线曲度小，越往后弧线曲度越大，最后成为自由落体垂直下落，如图 1-19 所示。这是由羽毛球的制作材料以及其本身的特殊结构、形状与空气的阻力共同产生的结果。所以必须充分利用这一特殊规律，制造出对羽毛球运动有意义的弧线。

羽毛球的各种不同技术对弧线有不同的要求，因此在制造弧线时一定要考虑这一重要因素。制造符合各种技术要求的弧线时要掌握以下几个要点。

(1) 要抓住影响弧线质量的主要因素：一是弧线的曲度，二是打出距离。

(2) 要明确各种技术对弧线的特殊要求。例如，击高远球要高到什么程度，远到什么程度。也就是说，后场击高远球要击出多大的弧线曲度，打出距离有多远。

(3) 要知道控制拍形角度、拍面方向和击球力量及用力方向是控制击球弧线的根本方法。要想将球打到一定的远度，就要靠增加或减少击球的力量、增加或减小击球的角度。当击球角度为 45° 时，击球的用力最小，随着击球角度的增加或减小，击球的用力随之增大，因此在羽毛球运动的击球中，要随时根据拍形去调节击球的力量。拍形决定了击球角度，力量决定了球的初速度，只有将两者很好地配合、合理使用，才能击出符合弧线要求的球。

七、击球落点

(一)球的落点

球被击出后落到对方场区的某个地方就叫作球的落点。

一般来讲，球的落点可以简化为几个区域，比如将球击到对方场区的前场、中场、后场，而前场、中场、后场又均可分为左区、中区、右区 3 个部分。因此球场基本可以划分为 9 个击球区作为经常要求的落点区，如图 1-20 所示。

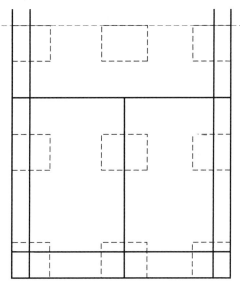

图 1-20　球的落点区

研究球的落点是羽毛球运动的重要内容，是"快、狠、准、活"技术风格的要求。"准""活"在落球效果上的体现就是落点准确、落点多、变化大。

(二)落点的作用

具体来讲落点有以下 3 个方面的作用。

1. 扩大对方的击球范围

如击"四方"球，先左后右、先长后短、先近网后底线等彼此变化，迫使对手忙于应付、应接不暇，造成对方击球失误或为我方创造得分的机会。

2. 利用落点攻击对方的弱点

例如，对方反手弱就专盯其反手，对方网前弱就专控制网前。

3. 利用落点专攻其难以回接的地方

一般来讲，运动员的弱点是怕攻击追身球、过头球以及双打两名队员站位的结合处等，这些地方都是较薄弱之处。因此，在击球的过程中，寻找机会攻击对方的这些弱点是有百利而无一害的。

(三)控制落点的注意事项

1. 明确控制落点的目的

在明确目的的指导思想下才能主动、积极地去进行控制落点的练习。

2. 明确影响落点准确的因素

影响落点准确的因素是拍形角度、拍面方向、击球力量、击球时间、击球力量的方向。

3. 拍形根据击球时间而定

拍形要根据击球时间而定，一环扣一环，其中任何一个环节出现问题，球的落点都会控制不准。例如，网前击球，当击球点高时，拍形前倾可以大点，力量也可以大点，可抢上手攻击对方；当击球点低时，拍形就被迫后仰，并且用力方向也得改变。所以，在进行技术练习时，要在不同的击球点击球，体会击球点不同对拍形和击球力量的特殊要求。

4. 死线活练、加强控制落点的意识培养

要死线活练，加强控制落点的意识，落点、路线、弧线虽然名称不同，但每次击球都包括这 3 个基本内容。因此，在练习时要根据技术规格的要求、战术变化的需要，周密地考虑这 3 个内容之间的关系，认真地进行练习，每一拍球就像在比赛场上一样争取给对方造成最大的回球难度，在提高控制落点能力的同时，提高战术意识。

第二章　羽毛球运动基本技术

第一节　握拍与站位

一、握拍法

　　羽毛球握拍方法正确与否，对掌握和提高羽毛球技术水平有着重要的影响，初学者必须认真学习，掌握正确的握拍方法。为了更加清楚地表述握拍方法，书中将拍柄切面标上数字，分别代表拍柄上的 8 条棱，如图 2-1 所示。

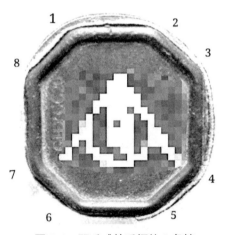

图 2-1　羽毛球拍手柄的 8 条棱

下面介绍常用的握拍方法，均以右手持拍者为例，左手持拍者则反之。

(一)正手握拍法

正手发球、右场区各种击球及左场区头顶击球等，一般都采用正手握拍法。

1. 基本握拍法

持拍手虎口对准 8 棱和 1 棱之间的小斜面，中指、无名指和小指弯曲并拢握住拍柄，食指与中指稍分开并自然弯曲贴在拍柄外侧宽面(3 棱与 4 棱之间)，拇指前内侧轻贴于拍柄内侧宽面(7 棱与 8 棱之间)，食指与拇指指尖相对。整个手保持"握手状"或"抠扳机状"轻握拍柄，此种握拍法适合于击任一正手球。虎口、掌心与拍柄之间留有间隙，切记牢牢握住拍柄，如图 2-2 所示。

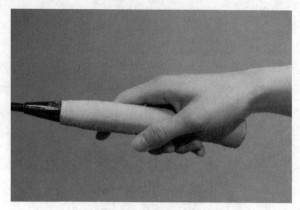

图 2-2　基本握拍法

2. 变通握拍法

握拍方法不是一成不变的，可以在正手基本握拍法的基础上稍作改变，以适应不同正手击球技术的要求。

(1) 高杀握拍。将拍柄向内旋转，使虎口对准 1 棱和 2 棱之间的小宽面或直接对准 1 棱或 2 棱。此种握拍方法更容易正拍面大力击球，尤其适合初学者使用，在后场高球和杀球时使用也较多。

(2) 封网握拍。将拍柄向内旋转，使虎口对准 3 棱和 4 棱之间的宽面，同时握拍位置上提至拍杆与拍柄结合处，如图 2-3 所示。采用此种握拍法时击球拍面正对对方场区，且挥拍半径短、挥动速度快，因而便于封、拦、扑压对方打来的平快球和网前球，在双打封网中运用较多。

图 2-3　封网握拍

3. 网前轻发力击球技术握拍

在基础握拍法的基础上，稍松开手指轻握拍柄，使虎口、掌心与拍柄之间的间隙增大，尽量以各手指的指腹接触拍柄，整个手型像拿"钳子"，又称为钳式握拍，如图 2-4 所示。此种握拍方式不仅手腕手指的灵活性较好，而且由于指腹上有感觉灵敏的神经末梢分布，能更好地控制击球力量，因而常用于网前轻发力击球技术。虎口、掌心与拍柄之间留有间隙，切记牢牢握住拍柄。

图 2-4　网前轻发力击球技术握拍

(二)反手握拍法

反手发球、左场区各种击球一般都采用反手握拍法，当然，手腕爆发力极强的选手，如欧美选手，可以在不改变正手握拍手法的情况下打反拍。但是，用反手握拍法击反手球更为省力，更符合亚洲人种的特点，且击球效果更佳。

1. 基本握拍法

此种方法又称为拇指型握拍法。在正手握拍的基础上，拇指和食指将拍柄向外转，同时拇指上提、食指稍向中指收拢，使拇指内侧顶在 7 棱和 8 棱之间的大宽面，拇指与食指同高或稍高一点，中指、无名指和小指并拢握住拍柄，拍柄底端靠近小指根部，如图 2-5 所示。此种握拍法主要用于反手扑球、反手推直线、反手抽直线等。虎口、掌心与拍柄之间留有间隙，切记牢牢握住。

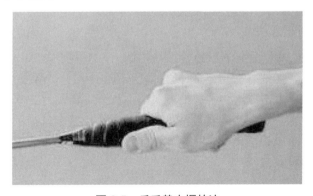

图 2-5　反手基本握拍法

2. 变通握拍法

反手握拍法也不是一成不变的，可以在反手基本握拍法的基础上稍作改变，以适应反手不同击球技术的要求。

（1）高吊杀握拍。拇指和食指向内旋转拍柄，使拇指内侧顶在拍柄 1 棱和 2 棱之间的小宽面上，其他手指从另一侧小宽面环绕拍柄，拇指与食指同高或稍高一点，如图 2-6 所示。

图 2-6　高吊杀握拍

（2）网前轻发力击球技术握拍。拇指和食指向内旋转拍柄，使拇指内侧顶在拍柄 8 棱和 1 棱之间的小斜面上，拇指与食指同高或稍高一点，稍松开手指轻握拍柄，使虎口、掌心与拍柄之间的间隙增大，尽量以各手指的指腹接触拍柄，整个手型像拿"钳子"，又称为钳式握拍，如图 2-7 所示。这种握拍在推或抽斜线时也常用。

图 2-7　网前轻发力击球技术握拍

3. 易犯错误及纠正方法

（1）食指式握拍。食指呈伸直状直接按在拍柄上，不利于击球时食指屈指发力击球。

（2）拇指式握拍。握拍时拇指完全伸直死死按在拍柄上，导致击球时手指没有旋转空间。无论是正手还是反手击球，这种握拍方式都不利于旋转发力击球。

（3）苍蝇拍式握拍。这是初学者最常见的握拍方式，整个持拍手手掌如握拳头一样地将拍柄紧紧攥住，手指与拍柄呈垂直状。此种握拍方式手腕手指的灵活性受到限制，极大地影响了手腕手指的爆发力。

二、站位

1. 发球的站位

（1）单打发球站位。双脚在中线附近稍前后侧身站立，左脚在前并且朝向击球方向，右脚朝向边线，身体重心在右脚。左手持球于体前与胸同高的位置，持拍手屈肘持拍于右后上方。单打的发球站位一般选在靠近中线、距前发球线约 1m 的位置。选择场地中部位置发球，有利于发球后迎击前、后、左、右等任何距离和落点的来球。实战中，也可根据个人习惯和场上的战术灵活选择。

（2）双打的站位。双脚在中线附近稍前后侧身站立，右脚在前并且朝向击球方向，或左右脚平行站立，身体重心在两脚之间或偏前。双打发球者的站位较单打靠前，在紧靠前发球线与中线交接附近处的 T 形位置。选择这个位置发球，便于发球后抢第三拍的封网前球。

2. 接发球的站位

接发球的站位很重要，如站位不合理，会出现明显的漏洞，有可能给发球方使用发球抢攻战术的机会，应予以重视。

（1）单打接发球站位。站在离前发球线约 1.5m 处，在右区接发球时应站在靠近中线的位置，以防发球方偷袭头顶区域；在左区时则站在中线与单打边线的中间位置。

（2）双打接发球站位。因为双打的后发球线距离前发球线比单打短 0.76m，发高球易被扣杀，所以站位可适当靠近前发球线，将主要精力用于应付对方发网前球。

双打站位比单打更有讲究，有一般站位法、抢攻站位法、稳妥站位法和特殊站位法4 种。

（1）一般站位法。站在离中线和前发球线适当的距离处，在右区时，注意不要把右区的后场靠中线区暴露出来；在左区时，注意保护头顶区。这种站位，女队员和一般不是抢攻打法的男队员采用居多。主导思想是以稳为主，保护后场，对前场以推、搓、放半场为主。发球时要以发近网 1、2 号位为主，多点配合，使对方不能集中精力，这样对方就不可能打出较凶狠的球(除了我方发球偏高外)，这时的主动权取决于第三拍的回击质量。

（2）抢攻站位法。站得离前发球线很近，前脚紧靠前发球线，且身体倾斜度较大，球拍高举。这种站法，进攻型打法的男队员采用居多。目的是要进行抢攻，以扑球、跳杀为主来处理接发球。发球时首先洞察对方站位的目的是要进行抢攻还是怕自己接发球不好陷入困境而想冒险，还是想以此来威胁恐吓我方，判断准确后才能以恰当的发球手段来对付对手。我方发球应以质量为主，结合时间或假动作，达到破坏对方想抢攻或冒险恐吓的目的。

（3）稳妥站位法。站在离前发球线有一定距离处，类似单打站位法。这种站法是在无法适应对方发球情况下采用的过渡站位法，一般业余选手双打时采用。

（4）特殊站位法。此种站位法是以右脚在前，站位和一般站位法类似，接网前球时右脚蹬一步上网击球。

第二节　发球与接发球

一、发球

发球既是羽毛球运动的一项重要基本技术，也是战术的重要组成部分。

发球质量往往直接影响着一个回合比赛的主动与被动，故初学者应充分重视发球技术的训练。

发球有两种形式：一是正手发球，二是反手发球。正手发球可发高远球、平高球、平射球和网前球；反手发球由于受挥拍距离较远的限制，无法发高远球，只能发平高球、平射球和网前球。

不管采用哪种发球形式，均要求发球动作协调一致，有突变性，而且落点及弧度要准确多变。几种发球的弧度和落点如图2-8所示。

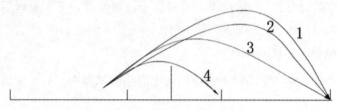

图2-8　发球的弧度和落点

以下发球技术均以右手持拍为例，左手持拍者反之。

(一)正手发高远球

1. 正手发高远球的动作要领

(1) 发球站位。站在靠中线距离前发球线 1m 之内，有时也可站在靠近前发球线处，发球后再退至中心位置，如图2-9所示。

(2) 发球准备姿势。左脚在前，脚尖朝向球网；右脚在后，脚尖朝向右斜前方。两脚之间的距离约与肩同宽，重心在两脚之间，自然放松站立，身体稍侧向球网。右手正手握拍，自然屈肘举于身体右侧；左手以拇指、食指和中指轻持球，举在胸前，两眼注视对手的站位、姿势、表情，如图2-10所示。

图2-9　发球站位　　　　　　　　图2-10　发球准备姿势

(3) 发球引拍动作。身体稍向左转，左肩向着球网，身体重心转移至右脚；右臂向右后上方摆起，完成引拍动作，如图2-11所示。

(4) 发球挥拍击球动作。完成引拍动作之后，紧接着身体重心随着上体由侧面转向正面而前移至左脚，右脚跟提起，上体微前倾，右前臂向侧下方挥动至上体由侧面转向正面时，左手开始放球。此时，腕部动作尽量伸展，做最后的击球动作，右前臂完成向侧下方挥动后，紧接着往上方挥动，如图 2-12 所示。此时前臂内旋，使腕部动作由伸展至微屈；击球瞬间，手指紧握球拍，完成闪腕动作，球拍击到球时拍面成正拍面击球，完成挥拍击球动作。

图 2-11 发球引拍动作

图 2-12 发球挥拍击球动作

（5）随前动作。完成击球动作之后，右前臂继续内旋，并随着挥拍的惯性，自然向左肩上方挥动，如图 2-13 所示，然后回收至胸前，并将握拍调整成正手握拍形式。

图 2-13 随前动作

正手发高远球.mp4

2. 正手发高远球的技术性能

发高远球首先要发得高，标准是接发球者在接球时，球是垂直下落的；其次要远，标准是垂直下落的落点在底线处。初学者一般达不到此要求，必须经过严格训练才能准确掌握发球的弧度及落点。高远球发得好，可以延缓对方的进攻速度和加大对方回击时的困难，从而降低对己方的威胁。

(二)正手发平高球

1. 正手发平高球的动作要领

发球站位、准备姿势、引拍动作、挥拍击球动作与发高远球动作基本一致，只是在击球的瞬间不是产生最大的向前上方挥动的爆发力，而是产生有控制力量的发力。随前动作也不必向左肩上方挥动，可以在击到球之后便制动，随前动作不必那么高，在胸前即可。

2. 正手发平高球的技术性能

发平高球的弧度要比发高远球低，以对方起跳无法击到球的弧度为宜，落点也应落在底线处。这种发球，球在空中飞行的速度比高远球快，是一种进攻性极强的发球。

正手发平高球.mp4

(三)正手发平射球

1. 正手发平射球的动作要领

发球站位可比发高远球和平高球稍靠后些，这样可使发出球的弧度较平。其他准备姿势(见图 2-14)、引拍动作(见图 2-15)、击球动作(见图 2-16)和击球后随前动作(见图 2-17)与发高远球基本一致，只是在挥拍至击球的瞬间前臂内旋动作不明显，挥拍线路不是向上方而是向前方，腕部动作也由伸展至微屈，但方向不是向上微屈，而是向左侧前方微屈的快而小的闪腕动作。

图 2-14　准备姿势　　　　　　　　　　图 2-15　引拍动作

2. 正手发平射球的技术性能

发"平射"球，顾名思义，即又平又快地发球，落点一般在后场 3 号区(即在后发球区靠中线处)。这种发球技术对于反应慢、站位偏前且离中线较远、后场靠底线区有明显空当、动作幅度较大及摆速较慢的对手，具有一定的威胁性。

图 2-16　击球动作

图 2-17　随前动作

正手发平射球.mp4

(四)正手发网前球

1. 正手发网前球的动作要领

发球站位比发高远球更靠前发球线。准备姿势如图 2-10 所示，引拍动作如图 2-18 所示，挥拍、击球动作如图 2-19、图 2-20 所示。发网前球与发高远球基本一致，但引拍时不必过多地向右转(见图 2-18)，挥拍时前臂挥动的弧度小些(见图 2-19)，腕部伸展也小些。因为是发网前球，球飞行距离最短，故在击球瞬间不必用大的爆发力，而是做有控制的发力即可，球拍接触球时可从右向左斜面切削击球(见图 2-20)，控制好球飞行过网的弧度及落点，随前动作不必向左肩上方挥动，可以在击到球后便做制动(见图 2-21)，在胸前回收即可。

图 2-18　引拍动作

图 2-19　挥拍动作

2. 正手发网前球的技术性能

发网前球要求在技术上达到球飞行过网后即下落，落点在前发球线内。另一种叫发网前前冲球，一般在单打发球抢攻中使用较多，球过网后还有一定的速度前冲，但不继续向上飞行，是先向前之后向下，落点离前发球线远些，并直冲接发球者。总之，球过网之后不能继续向上飞行，而应立即向下或向前一小段后再向下飞行(见图 2-22)。

图 2-20　击球动作　　　　　　　　图 2-21　随前动作

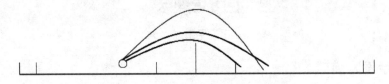

粗线表示较好的发球，细线表示不符合要求的发球

图 2-22　正手发网前球运行轨迹图示

正手发网前球.mp4

(五)反手发网前球

1. 反手发网前球的动作要领

(1)　发球站位。站在靠中线，距前发球线较近的位置上。

(2)　发球准备姿势。面向球网，右脚在前，左脚在后并提起脚跟，重心放在右脚，上体稍微前倾。右手反手握拍，左手拇指和食指捏住羽毛，球托向下，斜放在拍面前面(见图 2-23)。为了更好地控制发球时的发力，握拍时可握在拍柄的前端，肘关节抬起，手腕前屈。

(3)　挥拍击球动作。挥拍击球时，球拍稍微向后摆(见图 2-24、图 2-25)，并不停顿地接着向前挥动。前臂向斜上方推送，同时带动手腕由屈到微伸而向前摆动，并利用拇指的顶力，轻轻地"切"击球托的侧后部。

(4) 随前动作。击球后，前臂上摆至一定高度即停止(见图2-25、图2-26)。

图 2-23　发球准备姿势

图 2-24　引拍动作

图 2-25　击球动作

图 2-26　随前动作

反手发网前球.mp4

2. 反手发网前球的技术性能

反手发网前球的技术性能与正手发网前球的技术性能相同。

(六)反手发平高球

1. 反手发平高球的动作要领

发球站位、发球准备姿势、挥拍击球动作及随前动作均与反手发网前球相同，只不过在击球的瞬间不是轻轻地"切"击球托的侧后部，而是手腕由屈突然变直，向前上方挥动，让球突然飞越发球者，飞向后发球线。

2. 反手发平高球的技术性能

反手发平高球的技术性能与正手发平高球相同，只是这种发球的隐蔽性要比正手发平高球好，威胁性也更大。

反手发平高球.mp4

(七)反手发平射球

1. 反手发平射球的动作要领

发球站位、发球准备姿势、挥拍击球动作及随前动作均与反手发网前球相同，只不过在击球的瞬间突然发力击球托后部，让球以较快的速度、较平的弧线飞向接发球者的后场靠近中线的区域。

2. 反手发平射球的技术性能

反手发平射球的技术性能与正手发平射球相同，只是这种发球的隐蔽性更好，威胁性也更大。

反手发平射球.mp4

二、接发球

接发球是羽毛球运动的一项重要基本技术，它与发球是一对矛盾。发球方想方设法发出不同弧度、角度的球，力图控制对方；而接发球方则后发制人，在做好充分准备的前提下，利用第一次击球的机会，力争主动，以达到反控制的目的。

(一)接发球的准备姿势

1. 单打接发球的准备姿势

单打接发球时，左脚在前，右脚在后，侧身对网，重心放在前脚，膝关节微屈，后脚跟稍提起，收腹含胸，持拍手稍屈肘展腕，拍头上仰置于胸前，眼睛注视对方发球的动作，如图 2-27 所示。

图 2-27 单打接发球的准备姿势

2. 双打接发球的准备姿势

双打接发球时，重心可随意放在任何一脚上，球拍高举过头，膝关节屈的程度更大一些，以便能直接进行后蹬起跳，如图 2-28 所示。

图 2-28 双打接发球的准备姿势

(二)接发球的站位

接发球的站位很重要，如站位不合理，会出现明显的漏洞，有可能给发球方运用发球抢攻战术的机会，应予以重视。

1. 单打接发球站位

站在离前发球线约 1.5m 处，在右区接发球时应站在靠近中线的位置，以防发球方偷袭头顶区域；在左区时则站在中线与单打边线的中间位置。

2. 双打接发球站位

因为双打的后发球线距离前发球线比单打短 0.76m，发高球易被扣杀，所以站位可适当靠近前发球线，将主要精力应对对方发网前球。

双打站位比单打更有讲究，有一般站位法、抢攻站位法、稳妥站位法和特殊站位法4 种。

(1) 一般站位法。站在离中线和前发球线适当的距离处，在右区时，注意不要把右区的后场靠中线区暴露出来；在左区时，注意保护头顶区。这种站位，女队员和一般不是抢攻打法的男队员采用居多。

(2) 抢攻站位法。站得离前发球线很近，前脚紧靠前发球线，且身体倾斜度较大，球拍高举。这种站位，进攻型打法的男队员采用居多。

(3) 稳妥站位法。站在离前发球线有一定距离处，类似单打站法。这种站位是在无法适应对方发球情况下采用的过渡站位法，一般业余选手双打时采用。

(4) 特殊站位法。此种站法是以右脚在前，站位和一般站位法类似，接网前球时右脚蹬一步上网击球。

(三)易犯错误及纠正方法

(1) 无论是单打还是双打接发球，首先建立在判断的基础上，在做动作前要注意判断对手的发球质量，在击球时注意判断对手的站位。

(2) 接发球是接发球方的第一拍，接发球的好坏有时决定这一分的胜负，所以接发球时要在合理的情况下试图贯彻自己的战术意图。

(3) 双打比赛节奏快，所以在接发球阶段就很关键，在接发球时尽量不要挑球直接将进攻机会交给对手，若对方发球质量高也尽量采取过渡性技术接发球。这需要平时多进行接发球的练习。

第三节　基　本　步　法

羽毛球的步法是羽毛球运动中非常重要的技术环节，羽毛球的步法主要包括上网步法、后退步法和两侧移动步法。

一、上网步法

羽毛球的上网步法包括跨步上网、垫步或交叉步上网、蹬跳上网。不论采用哪种步法上网，其上网前的站位及准备姿势都是一样的。即站位取中心位置，两脚左右开立(稍有前后)，约同肩宽，两膝微屈，两脚前脚掌着地，后脚跟稍提起并左右微动；上体稍前倾，右手持拍于体前，两眼注视对方的来球。

1. 跨步上网

(1) 二步跨步上网步法。左脚先向来球方向跨出一步，左脚落地的同时，右脚紧接着向前跨出一大步到位击球。图 2-29 所示为右侧两步跨步上网步法，图 2-30 所示为左侧两步跨步上网步法。击球后右脚蹬地迅速回位至球场中心位置。

（2）三步跨步上网步法。右脚先向来球方向跨出一小步，接着左脚向前跨出一步，右脚再跨出一大步到位击球。图 2-31 所示为右侧三步跨步上网步法，图 2-32 所示为左侧三步跨步上网步法。击球后右脚蹬地迅速回位至球场中心位置。

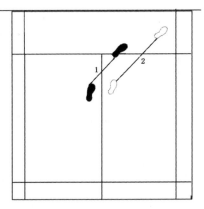

图 2-29　右侧两步跨步上网

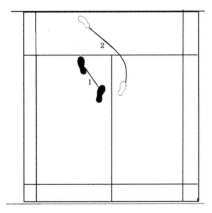

图 2-30　左侧两步跨步上网

正手两步跨步上网.mp4

反手两步跨步上网.mp4

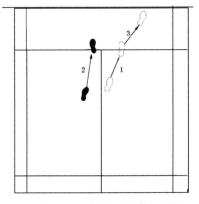

图 2-31　右侧三步跨步上网

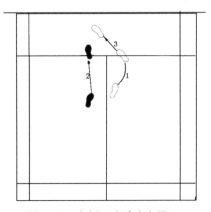

图 2-32　左侧三步跨步上网

正手三步跨步上网.mp4

反手三步跨步上网.mp4

2. 前交叉步加蹬跨步上网步法

右脚先向前迈出一步，落地的同时右脚抬起，利用左脚蹬地跨出一大步，到位击球。图 2-33 所示为右侧前交叉步加蹬跨步上网步法，图 2-34 所示为左侧前交叉步加蹬跨步上网步法。击球后右脚蹬地迅速回位至球场中心位置。

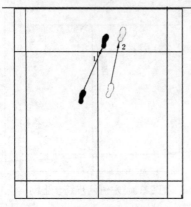

图 2-33　右侧前交叉步加蹬跨步上网

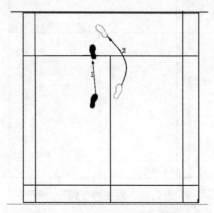

图 2-34　左侧前交叉步加蹬跨步上网

正手前交叉步加蹬跨步上网.mp4

反手前交叉步加蹬跨步上网.mp4

3. 后交叉步加蹬跨步上网步法

右脚先向前迈出一小步，接着左脚从右脚后方迈出第二步，落地时蹬地，使右脚迎来球跨出一大步到位击球。图 2-35 所示为右侧后交叉步加蹬跨步上网步法，图 2-36 所示为左侧后交叉步加蹬跨步上网步法。击球后右脚蹬地迅速回位至球场中心位置。

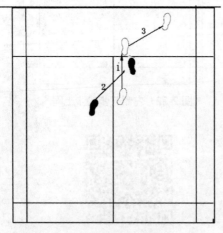

图 2-35　右侧后交叉步加蹬跨步上网

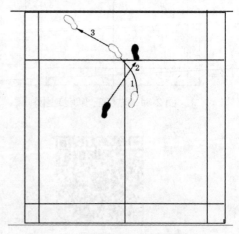

图 2-36　左侧后交叉步加蹬跨步上网

正手后交叉加蹬跨步上网.mp4

反手后交叉加蹬跨步上网.mp4

4. 蹬跳步上网步法

站位稍靠前，判断对方要重复打网前球时，利用双脚蹬地迅速跳向网前采用扑球技术击球，争取球刚越过球网时立即进行还击；当对方有还击网前球意图时，其站位应稍靠前，右脚稍向前做小步调整，脚刚着地便用力蹬跳侧身扑向球网。使用蹬跳步上网步法时既要快又要注重着地制动和缓冲，防止因前冲过大而触网或侵入对方场区犯规，如图 2-37 和图 2-38 所示。

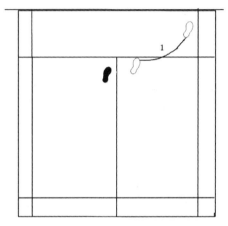

图 2-37　蹬跳步上网步法 1

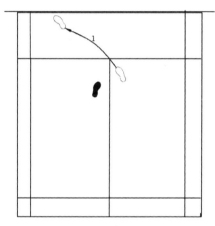

图 2-38　蹬跳步上网步法 2

正手蹬跳步上网.mp4

反手蹬跳步上网.mp4

垫步或交叉步上网：判断准确对方来球后，右脚先迈出一小步，左脚立即向右脚垫一小步掌(或从右脚后交叉迈出一小步)，左脚着地后，脚内侧用力蹬地，右脚再向网前跨一大步呈弓箭步，身体重心在前脚。击球后，前脚朝后蹬地，小步、交叉步或并步退回到中心位置。垫步或交叉步上网的优点：步子调整能力强，在被动的情况下，能利用蹬力强、速度快的特点迅速调整脚步，去迎击来球。垫步或交叉步上网的注意事项同跨步上网。

蹬跳上网：蹬跳上网是在预先判断来球的基础上，利用脚的蹬地，迅速扑向球网，以争取在球刚越过网时立即进行还击。单打或双打中常用此步法上网扑球，其步法是站位稍靠前，对方一有打网前球的意图后，右脚稍向前一点地便起蹬侧身扑向网前。击球后应立即退回中心位置。蹬跳上网既要快，又要防止因前冲力过大而触网或过中线犯规。

5. 反手上网步法

在羽毛球技术中，无论是正手上网还是反手上网，都要求最后一步到位击球时，应保持右脚在前、左脚在后的身体姿势。所以，反手上网的脚步移动方法和正手上网时是相同的。区别在于：起动时，右髋应迅速转向左前方，使身体右侧斜对反手网前的击球点位置（这一转体，也可在移动的过程中完成），以便于朝左前方移动。

在上网移动到位制动时，为维持身体的平衡，有利于击球和回动，应注意同时利用背肌的力量，克服上体向前的运动惯性，防止身体过度前倾。

上网步法的注意事项如下。

(1) 注意前冲力不要太大，避免身体失去平衡。

(2) 到位击球时，前脚脚尖应朝边线方向，不应朝内侧，这样有利于借前冲力向前滑步。

(3) 击球后应尽快采用后退跨步、垫步或交叉步退回中心位置。

二、后退步法

后退步法完成退回击高球、吊球、杀球、后场抽球的步法，它包括正手后退步法、头顶后退步法、反手后退步法、正手后退并步加跳步、头顶侧身加跳步。

不论采用哪种步法后退击球，其后退前的站位及准备姿势均与上网步法的站位及准备姿势相同。

1. 正手后退步法

正手后退步法可采用并步后退步法和交叉步后退步法以及并步加跳步后退步法。

(1) 并步后退步法。右脚向右后侧身退一步，并带动髋部右后转，接着左脚用并步靠近右脚，右脚再向后转至到位，左脚跟进一小步，成为左脚在前右脚在后、侧身对网的击球准备动作(见图2-39)。

(2) 交叉步后退步法。右脚向右后侧身退一步，并带动髋部右后转，接着左脚从右脚后交叉退一步，成为左脚在前右脚在后、侧身对网的击球准备动作(见图2-40)。

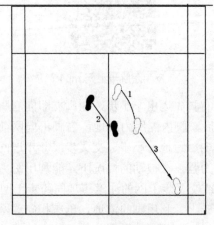

图2-39　并步后退步法

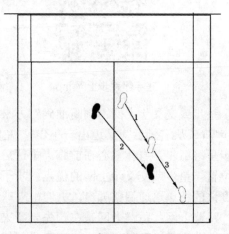

图2-40　交叉步后退步法

正手并步后退步法.mp4

正手交叉步后退步法.mp4

(3) 并步加跳步后退步法。该步法的第一、二步与并步后退步法第一、二步后退步法相同，第三步采用侧身双脚起跳后到位击球，后双脚落地(见图2-41)。

2. 头顶后退步法

头顶后退步法可采用头顶并步后退步法和头顶交叉步后退步法，以及头顶侧身步加跳步后退步法。

(1) 头顶并步后退步法。髋关节及上体快速向右方转动的同时，右脚向后退一步，接着左脚用并步靠近右脚，右脚再向后移至到位，左脚跟进一小步，成左脚在前右脚在后、侧身对网的击球准备动作(见图2-42)。

(2) 头顶交叉步后退步法。髋关节及上体在快速向右后方转动的同时右脚向后退一步，接着左脚从右脚后方交叉后退一步，右脚再向后移至到位，左脚跟进一小步，成为左脚在前右脚在后、侧身对网的击球准备动作(见图2-43)。

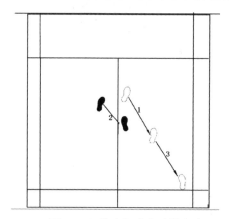

图 2-41　并步加跳步后退步法

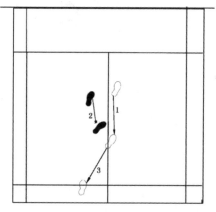

图 2-42　头顶并步后退步法

正手并步加跳步后退步法.mp4

头顶并步后退步法.mp4

(3) 头顶侧身并步加跳步后退步法。这是一种快速突击抢攻打法的后退步法。髋关节及上体在快速向右方转动的同时，右脚向后退一步，紧接着右脚向后方蹬地跳起，上身后仰。角度较大，并在凌空中完成击球动作，此时，左脚在空中做交叉动作后先落地，上体收腹使右脚着地时重心落在右脚上，便于左脚迅速回动(见图2-44)。

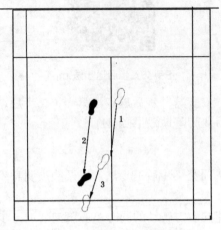

图2-43　头顶交叉步后退步法

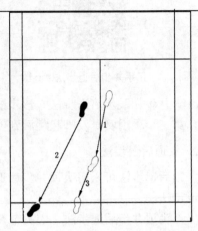

图2-44　头顶侧身步加跳步后退步法

头顶交叉步后退步法.mp4

头顶侧身并步加跳步后退步法.mp4

采用这种步法应注意以下几个重要环节：首先上体和髋部侧转要快，右脚后退至左脚的后方横侧位；其次蹬跳方向应向左后方跳起，使上体向后仰。左脚在空中做交叉后撤的动作要大，左脚的落地点超过身体重心之后，上体要有力地收腹，重心迅速恢复至右脚，左脚能迅速回动。

3. 反手后退步法

反手后退步法是指在用反手技术还击对方击向己方左后场区高球的脚步移动方法。应根据当时所处的位置离击球点距离的远近选择采用一步、两步、三步移动后退方法。

(1) 一步反手后退步法。如离球较近，可采用一步转体后退击球。其方法为：起动时，身体重心移向左脚，并以左脚为轴，身体向左后方转动，同时右脚向击球点方向跨出一大步，背对网击球(见图2-45)。

(2) 两步反手后退步法。如离球稍远些，可采用两步后退步法。其方法为：左脚先向左后方撤一小步，紧接着身体左转，右脚向左后方跨一大步，背对网击球，或者右脚先向后退一步，左脚向左后方跨出一步，以侧身的形式到位击球(见图2-45、图2-46)。

(3) 三步反手后退步法。在离击球点比较远时，可采用三步(或更多步)转体后退击球。右脚先向左脚并一步(或交叉退一步)后左脚向左后方退一步，此时上体左转，右脚再向左后方跨出一大步，背对网形式到位击球。无论采用哪种方法移动，有一点是很重要的，那就是在最后一步时，要尽可能保证右脚靠近击球点方向，以利于击球动作的完成

（见图 2-47）。

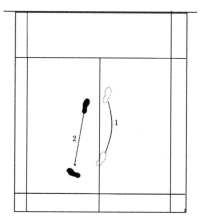

图 2-45 一步反手后退步法

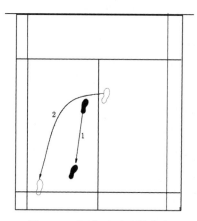

图 2-46 两步反手后退步法

一步反手后退步法.mp4

两步反手后退步法.mp4

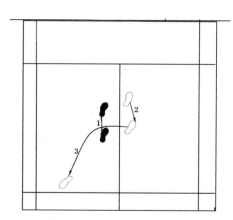

图 2-47 三步反手后退步法

三步反手后退步法.mp4

三、两侧移动步法

两侧移动步法是完成中场球的回击步法，如接杀球、接对方平射球时所采用的步法。其移动前的站位及准备姿势与上网步法的站位及准备姿势基本相同。两侧移动步法包括左侧移动步法、右侧移动步法和左、右侧蹬跳步法。

1. 左侧移动步法

(1) 一步蹬跨步法。判断来球落点离身体较近时，迅速将身体重心调整至右脚，右脚掌内侧用力蹬地，同时左脚向左侧跨一大步到位，正对球网击球(见图 2-48)，击球后左脚掌内侧蹬地回收回位。或判断来球左脚向左侧跨一步不能到位时，将重心落在左脚，以左脚前脚掌为轴向左转髋，同时右脚内侧用力蹬地，从左脚前向左侧跨一大步到位，背对球网击球(见图 2-49)，击球后右脚掌回蹬回位。

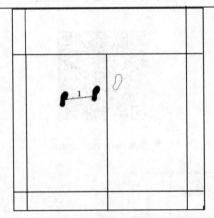
图 2-48　左脚一步蹬跨步法

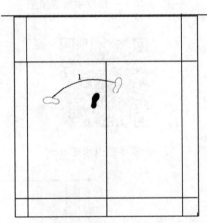
图 2-49　右脚一步蹬跨步法

左脚一步蹬步法.mp4

左脚一步蹬步法(出右脚).mp4

(2) 两步蹬跨步法。判断来球落点离身体较远时，左脚先向左侧移一小步，右脚紧接着向左侧蹬跨出一大步，背对球网到位击球(见图 2-50)，击球后迅速回位至球场中心位置。

2. 右侧移动步法

(1) 一步蹬跨步法。当判断来球离身体较近时，身体重心调整至左脚，用左脚内侧蹬地，右脚随髋关节的转动，同时向右侧跨一大步到位击球(见图 2-51)。

(2) 两步蹬跨步法。当判断来球离身体较远时，左脚应先向右侧移一步，然后右脚向右侧蹬跨出一大步到位击球(见图 2-52)。

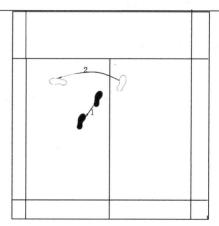

图 2-50 左侧两步蹬跨步法

左侧两步蹬跨步法.mp4

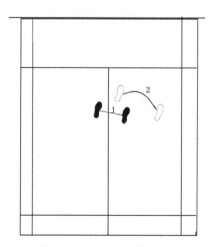

图 2-51 右侧一步蹬跨步法

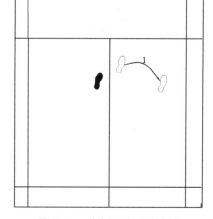

图 2-52 右侧两步蹬跨步法

右侧一步蹬跨步法.mp4

右侧两步蹬跨步法.mp4

3. 左侧蹬跳步法

如对方来球弧度较平，可采用左脚向左侧移一步跳起突击(见图2-53)。

4. 右侧蹬跳步法

如对方回击右场区且来球弧度较平，可采用右脚先向右侧移一步后跳起击球(见图2-54)。

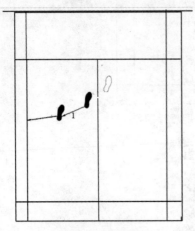

图2-53　左侧蹬跳步法

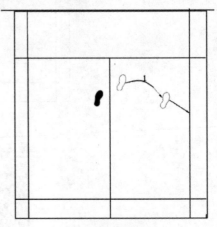

图2-54　右侧蹬跳步法

左侧蹬跳步法.mp4

右侧蹬跳步法.mp4

上面介绍的是羽毛球运动最基础的移动和跑动步法，初学者只有按这种模式进行必要的训练，才能把羽毛球入门的基本技术练好并为提高技术水平打下牢固的基础。

第四节　网前球技术

一、放网前球

放网前球与搓球的不同点在于，球过网后没有旋转与翻滚(放网前球过网后下落速度较搓球快)，且放网能适应网前各种击球点，如远网球、低点被动球均可采用放网前球的击球技术，而以上情况就不宜使用搓球。由于以上特点，放网前球在实战中也能起到调动对方、为己方创造有利进攻机会的作用。

1. 放网前球技术动作(见下文)

(1)　步法与选位。同正手搓球，如图2-55所示。

(2)　引拍。同正手搓球，如图2-56所示。

图 2-55　准备姿势

图 2-56　引拍动作

（3）挥拍击球。击球的瞬间，不是用搓切的动作，而是屈腕屈指发力，将球轻击过网，如图 2-57 所示。

（4）还原。击球后，退步还原，如图 2-58 所示。

图 2-57　挥拍击球动作

图 2-58　还原

正手放网前球.mp4

2. 反手放网前球

（1）步法与选位。同反手搓球。(见下文)

（2）引拍。同反手搓球。

（3）挥拍击球。击球的瞬间，不是用搓切的动作，而是收腕屈指发力，将球轻击过网。

（4）还原。击球后，退步还原。

3. 易犯错误及纠正方法

（1）上网时，右脚应该是带动身体向前的，而不只是依靠手臂向前够着击球，初学者容易这样做从而造成身体重心的不稳定，不利于击球的同时也不利于击球后的快速回位。应当始终以迈步为先，学会用步法带动身体以及击球。

(2) 在放网前球时，手腕应处于内收或者外展的状态，即拍面与手臂保持一定的夹角，避免拍子与前臂呈一条直线，这样肌肉会僵硬而不利于击球。

(3) 击球时，手臂弯曲或过度伸直，这两种情况都不利于很好地完成击球动作。

放网前球反手.mp4

二、搓球

搓球是由放网发展而来。搓球后，球在过网的瞬间绕不同轴伴有较强烈的旋转，使对方难以捕捉最佳的击球时机和合适的击球部位，以致击球困难甚至还击失误，从而使自己获得主动控制权。比赛中，高质量的搓球往往能起到控制前场、迫使对方起后场高球、创造后场进攻机会的作用。

搓球的技术动作有以下几个。

1. 正手搓球

(1) 步法与选位。判断来球的方向、速度和弧度，运用右网前步法上网选好击球位置。

(2) 引拍。右脚向前方蹬跨的同时，持拍手将球拍前伸迎球，前臂稍外旋带动手腕后伸引拍，左手拉举于体后侧与右手保持平衡。

(3) 挥拍击球。前臂外旋带动手腕由展腕至内收，食指和拇指捻动球拍，中指、无名指和小指轻握拍柄，以斜拍面由右至左切击球头右后侧部位，使球呈下旋翻滚过网，称为"收搓"；击球时前臂稍内旋带动手腕由内收至展腕，以斜拍面由左至右切击球头左后侧部位，使球呈上旋翻滚过网，称为"展搓"。

(4) 还原。击球后，退步还原。

正手搓球.mp4

2. 反手搓球

(1) 步法与选位。判断来球的方向、速度和弧度，运用左网前步法上网选好击球位置。

（2）引拍。右脚向前方蹬跨的同时，持拍手将球拍前伸迎球，前臂内旋带动手腕前屈引拍，左手拉举于体后侧与右手保持平衡。

（3）挥拍击球。前臂稍内旋带动手腕由展腕至内收，食指和拇指捻动球拍，中指、无名指和小指轻握拍柄，以斜拍面由左至右切击球头左后侧部位，使球呈下旋翻滚过网，称为"收搓"；击球时前臂稍外旋带动手腕由内收至展腕，以斜拍面由右至左切击球头右后侧部位，使球呈上旋翻滚过网，称为"展搓"。

（4）还原。击球后，退步还原。

搓球 反手 收搓.mp4

搓球 反手 展搓.mp4

3. 易犯错误及纠正方法

（1）完成搓球动作时，击球点的位置的选取至关重要，高击球点和近网的击球点更容易搓出高质量的回球。在平时练习时，要注意在不同击球点位置击球的拍面以及动作幅度。

（2）在快速上网使用搓球技术时，有时由于上网惯性比较大，这时要学会使用身体的惯性结合手上的动作进行搓球；否则回球容易离网较远或质量不高。

三、挑高球

挑高球的飞行弧度较高，不易被对方拦截，到达对方底线所需要的时间越长，越能迫使对方远离"中心位置"退到底线击球，从而减慢场上的比赛节奏。其作用主要是防守和过渡，当己方处于被动状态或不能马上进攻时，可以通过挑高球来争取时间，调整自己的位置和比赛的节奏。

1. 正手挑高球技术动作

正手挑高球技术动作如图 2-59 所示。

图 2-59 正手挑高球技术动作

（1）步法与选位。判断来球的方向、速度和弧度，运用右网前步法上网选好击球位置。

（2）引拍。右脚向前下方蹬跨的同时，持拍手前臂外旋带动手腕后伸并展腕，使拍头向后下完成引拍迎球，左手拉举于体后侧与右手保持平衡。

（3）挥拍击球。前臂内旋带动手腕由后伸至屈腕到伸直再展腕发力，食指逆时针方向顶推拍柄，其余手指屈指发力握紧球拍，正拍面向前上方拍击球头后部，使球沿较高弧线飞向对方场地底线。正拍面向正前上方击球为挑直线球，正拍面向斜前方(由右向左前上方挥动)击球为挑斜线球。

（4）还原。击球后，退步还原。

挑高球　正手直线.mp4

挑高球　正手对角线.mp4

2. 反手挑高球技术动作

反手挑高球技术动作如图 2-60 所示。

图 2-60　反手挑高球技术动作

（1）步法与选位。判断来球的方向、速度和弧度，运用左网前步法上网选好击球位置。

（2）引拍。右脚向前下方蹬跨的同时，持拍手前臂内旋带动手腕后伸并展腕，使拍头向后下完成引拍迎球，左手拉举于体后侧与右手保持平衡。

（3）挥拍击球。前臂外旋带动手腕由展至收闪动发力，拇指顺时针方向顶推拍柄，其余手指屈指发力握紧球拍，正拍面向前上方拍击球头底部，使球沿较高弧线飞往对方场地底线。正拍面向正前上方击球为挑直线球，正拍面向斜前方(由左向右前上方挥动)击球为挑斜线球。

（4）还原。击球后，退步还原。

3. 易犯错误及纠正方法

（1）初学者在学习挑高球时，正、反手击球都容易向身体的内外侧挥拍，导致一方面击球的拍面不正，另一方面击出的球不能以直线的轨迹飞出。这就要求练习者在练习时有目的性地挥拍练习，向前侧挥拍击球。

（2）击球时击球点的把握不稳定，特别是在加上步法后的上网挑球，有时靠前有时靠后。改正这一错误可以通过从原地击球到一步上网击球，再到多步上网击球这样循序渐进地练习，从而逐渐使练习者稳定击球点。

挑高球 反手直线.mp4

挑高球 反手对角线.mp4

四、扑球

扑球落地速度快，是网前进攻技术中威胁最大的一项技术，往往能使对方来不及挥拍击球而直接得分。

1. 正手扑球技术动作

正手扑球技术动作如图 2-61 所示。

图 2-61 正手扑球技术动作

（1）步法与选位。判断来球的方向、速度和弧度，运用右网前蹬跳步法选好击球位置。

（2）引拍。向前上方蹬跳的同时，持拍手略屈肘将球拍从胸前上举至右肩前上方，使拍头朝上，拍面正对来球，手腕后伸引拍，左手拉举于体后侧与右手保持平衡。

（3）挥拍击球。手腕由后伸至屈收向前下方闪动发力，正拍面击球头后部，使球快速向下落入对方场地。如果来球距离球网较近，为避免扑球后球拍触网，可采用前臂内旋带动手腕从右至左挥拍，抹扑球头后部。

（4）还原。击球后，退步还原。

扑球正手.mp4

2. 反手扑球技术动作

反手扑球技术动作如图 2-62 所示。

图 2-62　反手扑球技术动作

（1）步法与选位。判断来球的方向、速度和弧度，运用左网前蹬跳步法选好击球位置。

（2）引拍。向前上方蹬跳的同时，持拍手略屈肘将球拍从胸前上举至右肩前上方，使拍头朝上，拍面正对来球，前臂内旋带动手腕展腕引拍，左手拉举于体后侧与右手保持平衡。

（3）挥拍击球。手腕由展腕至收腕向前下方闪动发力，正拍面拍击球头后部，使球快速向下落入对方场地。如果来球距离球网较近，为避免扑球后球拍触网，可采用前臂外旋带动手腕从左至右挥拍，抹扑球头后部。

（4）还原。击球后，退步还原。

3. 易犯错误及纠正方法

（1）扑球动作要求速度快，动作幅度相对较小。比较容易出现的问题是，在做扑球动作时引拍后挥臂动作幅度大，造成扑球下网的情况。对于这种错误动作，一是要加强徒手动作练习，二是增加多球练习，控制手臂的动作幅度，最开始也可以从手腕的发力练习过渡到前臂引拍的扑球练习。

（2）向前蹬跳后，身体的重心控制也很重要，学会在蹬跳后控制身体的运动轨迹，使身体能够在击球后及时刹车。

扑球反手.mp4

五、勾对角球

勾球可突然使来球改变飞行的路线，从而迫使对方改变原来的直线运动方式，增大对方移动和还击的难度。实战中，采用这种方法对付直线上网快或身体转动不够灵活的球员，常能收到良好的效果。勾球可分为正手主动勾球、正手被动勾球、反手主动勾球和反手被动勾球 4 种。

1. 正手主动勾球

准备动作要领：与正手放网前球的动作基本相同。

引拍动作要领：与正手放网前球的动作相同，以并步加蹬跨上右网前。

挥拍击球动作要领：击球瞬间，前臂稍有内旋，并向左拉收，手腕由后伸至内收闪腕，挥拍拨击球托的右侧下部，使球朝对角线网前方向飞行，如图 2-63、图 2-64 所示。

图 2-63　正手勾球挥拍动作 1

图 2-64　正手勾球挥拍动作 2

主动勾对角球正手.mp4

另一种击球法是引拍时向右前上方举起，拍面朝上，以球拍面的右侧上方击球，前臂内旋，使拍面朝左旋转，击球托底部，让球朝对方对角线网前飞行。

正手被动勾球的动作与正手主动勾球基本相同，只是击球点会靠下一点。

被动勾对角球正手.mp4

2. 反手主动勾球

准备动作要领：与反手放网前球的动作基本相同，如图 2-65 所示。

引拍动作要领：与反手放网前球的动作相同，以并步加蹬跨上网前，如图 2-66 所示

挥拍击球动作要领：击球瞬间，前臂稍有外旋，并向右拉收，手腕由前伸至内收闪腕，挥拍拨击球托的左侧下部，使球朝对角线网前方向飞行，如图 2-67 和图 2-68 所示。

另一种击球法是引拍时向左前上方举起，拍面朝上，以球拍面的左侧上方击球，前臂外旋，使拍面朝右旋转，击球托底部，让球朝对方对角线网前飞行。

反手被动勾球的动作与反手主动勾球基本一致，只是击球点会靠下一点。

随前动作要领：击球后球拍回收至胸前，此时身体重心朝左场区转移，用前交叉步回动至中线靠左边的中心位置，以利于回击对方重复放网前球，如图 2-69 和图 2-70 所示。

3. 易犯的错误与纠正方法

反手主动勾球易犯错误与正手搓球易犯的错误基本相同。

图 2-65　准备动作

图 2-66　引拍动作

图 2-67　挥拍击球动作 1

图 2-68　挥拍击球动作 2

图 2-69　挥拍后随前动作

图 2-70　还原至中心位置

主动勾对角球反手.mp4

被动勾对角球反手.mp4

六、推球

推球是以推的动作把对方击来的网前球推击到对方后场底线去，球的飞行弧线较低平，速度较快，可造成对方回击的困难。

推球可分为正手推直线球、正手推对角线球、反手推直线球、反手推对角线球 4 种。

1. 正手推直线球

准备动作要领：右脚在前，左脚在后，两脚间的距离比肩略宽，右手握拍自然地举在胸前，身体微微前倾并含胸收腹。

引拍动作要领：用后交叉步加蹬跨步至网前右区，前臂随步法移动伸向右前上方，并外旋，手腕稍后伸，球拍随着往右下后摆，使拍面正对来球。

挥拍击球动作要领：击球瞬间，前臂内旋，带动手腕由后伸到屈腕闪动，并特别注意运用食指的推压力量。球过网飞行弧度的高低，取决于击球瞬间击球点的高低和拍面角度的大小。

随前动作要领：击球后，球拍回收至胸前，右脚回蹬回位。

正手推直线球.mp4

2. 正手推对角线球

准备、引拍动作要领：与正手推直线球相同。

挥拍击球动作要领：击球瞬间，前臂内旋，带动手腕由后伸到屈腕闪动，并运用食指的推压力量。击球点靠近肩侧前时，采用由右至左的挥拍击球路线。

随前动作要领：与正手推直线球动作相同。

3. 反手推直线球

准备动作要领：与正手推直线球动作要领相同。

引拍动作要领：用前交叉步加蹬跨步至网前左区，前臂随步法移动伸向左前上方，并向左胸前收引。此时，肘关节微屈，手腕外展，手心朝下。

正手推对角线球.mp4

挥拍击球动作要领：击球瞬间，前臂稍外旋，手腕由外展到伸直闪腕，中指、无名指、小指突然紧握拍柄，拇指顶压拍柄。击球点在左前侧，推击球托的后部，使球沿直线较低的抛物线飞向对方后底线。

随前动作要领：击球后球拍回收至胸前，右脚回蹬回位。

反手推直线球.mp4

4. 反手推对角线球

准备、引拍及随前动作要领：与反手推直线球相同。

挥拍击球动作要领：与反手推直线球基本相同，只不过击球点在反边近肩侧方，击球托的左侧后部，使球朝对角线方向飞行。

反手推对角线球.mp4

5. 易犯错误与纠正方法

准备、引拍、随前动作易犯的错误与正手放网前球基本相同。挥拍击球时，易犯的错误是拍面的角度和推球力量的大小未能适当控制，造成失误。反手推球易犯的错误是握拍太紧，手臂伸得太直，两脚平站，身体太直立，影响起动速度和手腕灵活发力。起动太慢，不能准确到位。前臂未伸向左前上方，以致击球点太低。击球前手臂朝网的屈腕动作使发力太慢，击球速度不快。

第五节　中场球技术

一、平抽球

平抽球速度快且球的飞行弧度比较平直，在实战中，若抽球过网后能往下走，往往能压住对方，掌握主动权。

1. 正手平抽球

(1) 步法移动与选位。右脚稍向右侧迈出一小步，同时上体稍向右侧倾，球拍侧上举，肘关节保持一定角度，左脚跟提起。

(2) 引拍。前臂外旋带动手腕后伸并展腕，使球拍引至右后下方。

(3) 挥拍击球。前臂内旋带动手腕由后伸至屈腕到伸直再展腕发力，同时食指逆时针方向顶推拍柄，其余手指屈指发力握紧球拍，正拍面向前方抽击球头后部，使球沿较低弧线飞向对方场地。正拍面向正前方击球为抽直线球，正拍面向斜前方(由右向左前方挥动)击球为抽斜线球。

(4) 还原。击球后，球拍顺势往前盖。

平抽球　正手直线.mp4　　　　　　　　平抽球　正手对角线.mp4

2. 反手平抽球

(1) 步法移动与选位。右脚向左前跨一步，身体左转，右前臂往身前收，肘部稍上抬。

(2) 引拍。前臂内旋带动手腕后伸并展腕，使球拍引至左后下方。

(3) 挥拍击球。前臂外旋带动手腕由后伸并展腕至内收发力，同时拇指顺时针方向顶推拍柄，其余手指屈指发力握紧球拍，正拍面向前方抽击球头的后部，使球沿较低弧线飞向对方场地。正拍面向正前方击球为抽直线球，正拍面向斜前方(由左向右前方挥动)击球为抽斜线球。

(4) 还原。击球后，球拍顺势往前盖。

平抽球　反手　直线.mp4　　　　　　　平抽球　反手　对角线.mp4

3. 易犯错误及纠正方法

(1) 击球点靠前，使身体有足够的空间和距离完成抽球动作。

(2) 抽球动作结束后的随挥动作有利于出球的稳定和手臂力量的传递，一定要做完整。

(3) 抽球的发力速度很重要，可以在平时增加正反手动作速度的挥拍练习以及一些加重的力量练习。

二、接杀挡网前球

将对方的杀球，回击直线网前至对方前场区域为接杀挡直线球，回击对角网前至对方前场区域为接杀挡对角球。接杀挡直线网前同其他接杀球技术配合使用，可调动对方前后奔跑，有效限制对方的连续进攻，在单打中较为常用；接杀挡对角技术不但可以避免因起高球而让对方连续进攻，防止让自己陷入被动局面，还可增加对方前后移动的难度，削弱对方的进攻速度，在双打中较为常用。

1. 正手接杀挡网前球

(1) 步法移动与选位。判断来球，运用中场右侧步法向来球移动，将击球点选在身体的右侧前方。

(2) 引拍。右脚跨步的同时前臂稍外旋带动手腕后伸直接伸向来球底部。

(3) 挥拍击球。手腕屈收，手指控制击球拍面，借助对方杀球的力量，以一定的仰角斜拍面向正前方推送切击球托底部。挡斜线球击球动作与正手网前拨勾球相似。

(4) 还原。击球后，快速还原。

正手接杀挡直线.mp4　　　　　　　　　　正手接杀挡对角线.mp4

2. 反手接杀挡网前球

(1) 步法移动与选位。判断来球，运用中场左侧步法向来球移动，选好击球位置。

(2) 引拍。跨步左脚迈步的同时，持拍手前臂稍内旋带动手腕展腕直接伸向来球底部。

(3) 挥拍击球。手腕收腕，借助对方杀球的力量，以一定的仰角斜拍面向正前方推送切击球托底部。挡斜线球击球动作与反手网前拨勾球相似。

(4) 还原。击球后，快速还原。

3. 易犯错误及纠正方法

(1) 准备动作时身体过度紧张，导致在使用接杀挡网球技术时身体无法发力或发力紧，迈步慢，这就很容易造成无法接到球。要注意观察自己在练习时的身体状态，一定要让自己放松。

(2) 除了身体的紧张外，心理的放松也极其重要。不要因为对手要进攻就产生害怕失误的心理，一定要学会放松心理，并不断地建立自己防守时的自信心。

（3）在准备接杀球时，身体的重心适当降低，但是不能一味地降低，否则如果对手采取突然的吊球，你就无法启动。这需要在实战和练习时多总结经验。

反手接杀挡直线.mp4

反手接杀挡对角线.mp4

三、杀球

杀球是把对方击来的中后场高球，用较大的力量和较快的速度以向下的弧度将球回击到对方的中后场区。杀球是主动进攻与得分的重要手段。

杀球以力量大小来区别，可分重杀、轻杀；以落点区别，可分长杀、短杀(点杀、半杀)。这几种杀球均可运用正手、绕头顶杀直线和对角线。由于反手杀球技术要求较高，因此只有极少数人能掌握并运用。

1. 正手原地跳杀球

（1）准备、引拍动作要领。右脚在后，侧身对网，屈膝降低重心，做好起跳击球的准备。起跳后，身体左转，同时后仰，挺胸呈弓形。随后凌空转体，收腹，上臂向上摆起，肘部领先，前臂快速往前上方挥动，腕部充分后伸，拉长挥拍的工作距离，如图2-71～图2-72所示。

图2-71　准备动作

图2-72　引拍动作

（2）挥拍击球动作要领。前臂快速往前上方挥动，球拍也高速往前上方挥动。当球落至肩前上方的击球点时，前臂内旋，腕部在内收的状态下前屈闪腕发力。与此同时，手指突然握紧拍柄，使手腕的发力点集中到击球点上。此时，球拍和水平面的夹角应小于90°，拍面正面击球托的后部，使球快速向下直线分行，如图2-73所示。

（3）随前动作要领。杀球后，前臂随惯性往体前收回，形成右脚在前、左脚在后的活动姿势，如图2-74所示。

图 2-73　挥拍击球动作　　　　　　　　图 2-74　随前动作

(4) 易犯的错误。与正手击高远球易犯的错误基本相同，不同的是击球瞬间球拍与水平面的夹角，高远球应大于 90°，杀球应小于 90°。

正手原地跳杀球.mp4

2. 正手突击杀球

(1) 准备、引拍动作要领。向右方侧身，后退一步并迅速跳起。起跳后，身体后仰，拉长腹肌及胸大肌，球拍自然往后下方摆动，加大挥拍的工作距离，如图 2-75 和图 2-76 所示。

图 2-75　准备动作　　　　　　　　图 2-76　引拍动作

(2) 挥拍击球动作要领。右上臂带动前臂急速往上前方挥拍，手腕从后伸经前臂的内旋至屈收，并突然紧握球拍闪腕以爆发力击球，如图 2-77 所示。此时，拍面与水平面所成的夹角稍小于 90°。

(3) 随前动作要领。随惯性回收球拍于胸前，落地时应右脚在后、左脚在前，并迅速回动，如图 2-78 所示。

图 2-77　挥拍击球动作　　　　　　　图 2-78　随前动作

正手突击杀球.mp4

(4) 易犯的错误。与击高远球易犯的错误基本相同，不同的是高远球的击球点是在肩的前上方，而突击杀球的击球点是在肩的右侧斜上方。另外，手腕的压腕动作应使拍面从后向前挥动，不应有切击的动作。

3. 绕头顶杀球

(1) 准备、引拍动作要领。左脚向后移一步，右脚迅速侧身向左后退一大步并迅速起跳。身体呈弓形，拉长挥拍的工作距离，完成引拍动作，如图 2-79 和图 2-80 所示。

(2) 挥拍击球动作要领。凌空转体、收腹、肘部先行并在瞬间发力等一系列击球动作与原地跳杀球动作基本相同，如图 2-81 所示。

(3) 随前动作要领。与原地跳杀球动作基本相同，只不过落地时左脚后撤距离较大，使重心不后倒，并能更快地回动，如图 2-82 所示。

(4) 易犯的错误。与绕头顶击高远球基本相同，不同的是击球时拍面与水平面的夹角应小于 90°，不然很难以击出较大力量的击球。

图 2-79　准备动作

图 2-80　引拍动作

图 2-81　挥拍击球动作

图 2-82　随前动作

绕头顶杀球.mp4

反手杀球.mp4

4. 反手杀球

(1) 准备、引拍动作要领。向左后转身以前交叉步后退 3 步，移动过程中形成反手握拍，前臂往胸前收，右肩有些内收，完成引拍动作，如图 2-83 和图 2-84 所示。

图 2-83　准备动作

图 2-84　引拍动作

(2) 挥拍击球动作要领。前臂开始向上挥动，球拍从左前下方摆到右前下方。此时，左脚开始发力，腰腹及肩部发力，并带动上臂及前臂做鞭打动作，球拍往上后方挥动。击球瞬间握紧球拍，快速外旋和后伸压腕，击球托的后部，完成挥拍击球动作，如图 2-85 所示。

(3) 随前动作要领。击球后，前臂内旋，使球拍回收至体前，降低重心，并迅速转体回动，如图 2-86 所示。

图 2-85　挥拍击球动作

图 2-86　随前动作

羽毛球运动教学与训练选修课教程

(4) 易犯的错误。与反手击高远球易犯的错误基本相同，不同的是击球瞬间拍面与球的接触角度，击高远球时拍面与水平面的夹角大于 90°，而击反手杀球时拍面与水平面的夹角小于 90°。

第六节　后场球技术

一、高远球击球法

这种击球法是从球场的任意一点，以较高的弧度将来球回击到对方的底线区。这种球在空间滞留的时间长，迫使对方退至底线才能回击，利于己方调整好站位，调动对方的位置，减弱其攻击力。

高远球可分为上手正手击高远球、上手反手击高远球、上手头顶击高远球以及下手正手底线击被动高远球、下手反手底线击被动高远球等击球方法。

1. 上手正手击高远球

(1) 准备动作要领。左脚在前，右脚在后，侧身使左肩对网，两脚间距与肩同宽，重心在后脚，右手握拍屈臂举拍于右侧，左手自然上举，眼睛向上注视来球，使拍面对着球网，如图 2-87 所示。

(2) 引拍动作要领。球拍上提并后引，使躯干呈微微的反弓形。同时，身体向左转动或面向球网。此时，右肘上提，使拍框在身后下摆，形成引拍的最长距离，如图 2-88 所示。

图 2-87　准备动作　　　　　　　　图 2-88　引拍动作

(3) 挥拍击球动作要领。挥拍击球动作从后脚后蹬开始，紧接着转体、收腹，肘部向前摆动，并以肘为轴，以肩为支撑点，前臂旋内加速向前上方挥动。在击球的瞬间，主要依靠前臂、手腕和中指的协调用力，取得最佳速度(手腕的爆发力在挥拍过程中产生较大的挥拍速度)。此时，手腕在内收的状态下迅速屈腕，并握紧拍柄，运用拇指和食指的顶、压动作，产生出最大的爆发力，如图 2-89 所示。击球点在右肩上方，持拍手臂在几乎伸直的情况下，以正拍面击中球托底部，将球击出。左手协调地降至体侧，协助转体动作。

（4）随前动作要领。击球后，右手顺势向左下方减速摆臂，最后回收至体前，如图 2-90 所示。身体重心迅速左转至体前，右脚向前回动一小步，为下一步移动作准备。

图 2-89　挥拍击球动作

图 2-90　随前动作

上手正手击高远球.mp4

正手击高远球(对角线).mp4

（5）上手正手击高远球易犯的错误。

① 准备姿势易犯的错误。握拍太紧，手臂伸得太直，两脚平站，身体正面对网，以致无法做侧身转体的连贯发力动作。

② 引拍动作易犯错误。身体太直，拍框无法在身后下摆，而是立即上举，肘部未屈，伸得太直，无法形成挥拍动作的最长距离，也无法产生更大的爆发力。

③ 挥拍击球易犯的错误。由于前两个环节的错误，必然造成挥拍击球时只能以肩为轴，靠"推"的动作击球无法完成而且不会利用肩、肘、腕以及腰、髋、膝相继发力产生的"鞭打"爆发力。在手腕内收的状态下的屈腕动作，出现被称为"推球"的错误动作。总之，击球时全身用力不协调。

④ 随前动作易犯的错误。击球后，球拍不是顺惯性向左下方挥动并回收至体前，而是向右下后方挥动，影响身体重心的回动，步法上也无法回动。

上手正手击高远球是上手动作的基础,掌握不好这一基础动作必将影响吊球、杀球动作的质量。上手正手击高远球时为了争得击球时间更快、击球点更高,可采用跳起击球,但初学者一般应以不跳起击球为宜。

2. 上手反手击高远球

(1) 准备动作与引拍动作要领。当对方击来反侧球,己方采用反手回击高远球时,应迅速将身体转向左后方,右脚向左脚并一步,然后左脚向后迈一步,紧接着右脚向左前跨一大步即到位(见图 2-91 和图 2-92)。此时,身体背对球网,身体重心在右脚上,步法移动到位时,球在右肩上方。步法移动中要立即由正手握拍转换成反手握拍,上臂平举屈肘,使前臂平放于胸前,球拍放至左胸前,拍面朝上,完成引拍动作。

图 2-91　准备动作　　　　　　　　　　图 2-92　引拍动作

(2) 挥拍击球动作要领。上臂迅速向上摆,前臂快速向右斜上方摆,手腕迅速回环伸展,拇指顶压拍柄,使之产生爆发力,以正拍面击球托后下部,身体重心从右脚转至左脚,并迅速转体回动,如图 2-93 所示。

(3) 随前动作要领。击球后,身体随重心的转移回动成正面对网。前臂内旋,使球拍恢复至正常位置,恢复正手握拍,如图 2-94 所示。

(4) 上手反手击高远球易犯的错误。

① 准备及引拍动作易犯的错误。步法移动不到位,击球点控制不好,握拍太紧,而且未能及时改变握法,引拍动作无法形成挥拍的最长距离,限制了爆发力。

② 挥拍击球动作易犯的错误。由于握拍太紧,以及引拍动作的错误,无法产生鞭打力量,击球时全身用力不协调,击球点太低,而且也未能击在球拍的"甜点"上,不是以反拍正拍面击球,而是带切拍击球。

③ 随前动作易犯的错误。击球后转体回动太慢,造成回中心的速度太慢。

图 2-93 挥拍击球动作

图 2-94 随前动作

上手反手击高远球.mp4

反手击高远球(对角线).mp4

3. 上手头顶击高远球

(1) 准备、引拍、挥拍击球动作要领。与上手正手击高远球的动作要领基本一致，不同的是做准备动作时侧身稍向左后仰，击球点在左肩或头顶左后上方。击球时上臂带动前臂，挥拍使球拍绕过头顶，从左上方加速挥动击球，而且前臂的内旋动作更明显。左脚后蹬幅度较大，收腹动作较明显，以利于更快地回动，如图 2-95～图 2-97 所示。

(2) 随前动作要领。由于击球时前臂内旋较明显，故惯性较大。球拍减速的方向是向右前下方，最后回收、回动，如图 2-98 所示。

(3) 上手头顶击高远球易犯的错误。

① 准备与引拍动作易犯的错误。开始移动步法时，未先做一个大侧身步，造成移动不到位，身体重心太偏离落球点，只能用大幅度侧弯腰的动作去击球，造成击球点不正确，引拍动作无法形成挥拍动作的最长距离，不利于爆发力的发挥。

② 击球动作易犯的错误。握拍太紧，前臂内旋动作不明显，造成击球质量差或击球出边界的现象。

③ 随前动作易犯的错误。左脚后撤幅度太小，造成身体后仰，不利于迅速回动。

以上 3 种上手击高远球动作是后场最基本的击球法，因此，初学者要认真学习并正确掌握。其他如平高球、平射球、吊球、杀球均以上述 3 种方法为基础演变而成。

图 2-95　准备动作

图 2-96　引拍动作

图 2-97　挥拍击球动作

图 2-98　随前动作

上手头顶击高远球.mp4

头顶击高远球(对角线).mp4

4. 下手正手底线击被动高远球

（1）准备、引拍动作要领。右脚后撤一步，紧接着左脚后交叉，右脚做蹬跨大步到位，重心在右脚上。在步法移动中，球拍从胸前经右下方后摆至右肩上，再把拍子后摆引伸到右后下方，手腕尽量后伸，前臂有些外旋，如图 2-99、图 2-100 所示。

图 2-99 准备动作

图 2-100 引拍动作

（2）挥拍击球动作要领。在前臂内旋向前挥拍的同时，手腕屈收以产生较大的爆发力将高远球击至对方底线，如图 2-101 所示。

（3）随前动作要领。击球之后，拍框随惯性挥至左髋部后恢复至右后方，如图 2-102 所示。此时，左脚跟进一小步，同时身体左转回动。

图 2-101 挥拍击球动作

图 2-102 随前动作

正手底线击被动高远球.mp4

正手底线击被动高远球(对角线).mp4

(4) 下手正手底线击被动高远球易犯的错误。

① 准备、引拍动作易犯的错误。起动、移动太慢，蹬跨步太小，造成移动不到位。球的落点太靠近身体，不利于挥臂发力。引拍动作未能形成挥拍的最长距离，不利于产生爆发力。

② 击球动作易犯的错误。握拍太紧，挥拍不是由右后方以正拍面向前挥动击球，而是由右后上方往前下方切击挥动，造成击球质量差或击球出边界的现象。

③ 随前动作易犯的错误。击球后，未能随惯性挥拍至左髋部，而是由右后上方往前下方挥动。

5. 下手反手底线击被动高远球

(1) 准备、引拍动作要领。随着上体左后转，左脚尖转向左后方的同时，右脚向左脚并一步后，左脚向左后跨一步，右脚再向左后跨一大步到位。在步法移动的过程中，球拍由身前经左上方引至右后下方，如图 2-103 和图 2-104 所示。

(2) 挥拍击球动作要领。前臂外旋，击球瞬间手腕伸展发力，击球托的后下部，如图 2-105 所示，拍面向前上方挥动。

(3) 随前动作要领。击球之后，上身直起并向右回转，左脚跟进一步，右脚向右前方跨一步，左脚跟进一步回位，球拍回收至胸前，如图 2-106 所示。

图 2-103　准备动作

图 2-104　引拍动作

(4) 下手反手底线击被动高远球易犯的错误。

① 准备、引拍动作易犯的错误。起动、移动太慢，最后跨步步幅太小，造成移动不到位。球的落点太靠近身体，不利于挥臂发力。引拍动作未能形成挥拍的最长距离，不利于产生爆发力。

② 击球动作易犯的错误。握拍太紧，造成前臂外旋和手腕伸展不充分，不能产生较大的爆发力。

③ 随前动作易犯的错误。左脚未能迅速跟进一小步，上身直立并右转太慢，造成回动太慢。

图 2-105 挥拍击球动作

图 2-106 随前动作

反手底线击被动高远球.mp4

反手底线击被动高远球(对角线).mp4

二、后场吊球技术动作

吊球可分为快吊(劈吊)、慢吊(轻吊、近网吊)、拦截吊 3 种，可用于正手、反手和绕头顶击吊球。

1. 正手快吊(劈吊)

(1) 准备、引拍、击球、随前动作要领。与击高远球的动作要领基本一致，只是在击球瞬间改变拍面的运行角度。如快吊对角网前，则使拍面向对角的方向减速挥动，并切击球托的右侧后下部，使球向对角网前直线快速飞行；如快吊直线，则使拍面由右上方向左上方(弧形)减速挥动，并轻切击球托的正面后下部，使球向网前直线快速飞行，如图 2-107 和图 2-108 所示。

图 2-107　击球动作 1　　　　　　　　图 2-108　击球动作 2

正手快吊(劈吊).mp4　　　　　　　　正手快吊(劈吊)对角线.mp4

(2) 易犯的错误。与击高远球易犯的错误基本相同，不同的是快吊对角时须切击球托右侧后下部，而不是正击，手腕动作若下压不明显也是错误的；快吊直线时须切击球托正面后下部，而不是正击。

2. 正手慢吊(轻吊、近网吊)

(1) 准备、引拍、击球、随前动作要领。与击高远球的动作要领基本一致，只是在击球瞬间改变拍面的运行角度。如慢吊对角网前，则使拍面向对角的方向减速挥动，并切击球托右侧的后下部，切击的力量比快吊要轻，使球向对角网前呈弧线飞行；如慢吊直线，则使拍面由右上方向左上方呈弧形减速挥动，并轻切击球托的正面后下部，使球向直线网前呈弧线飞行。吊球的 3 种飞行弧度如图 2-109 所示。

(2) 易犯的错误。与击高远球易犯的错误基本相同，不同的是慢吊对角时切击的力量更小；若慢吊时过网路线过高，容易被对方上网扑杀。

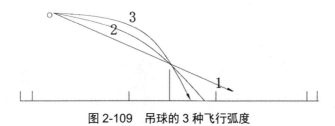

图 2-109　吊球的 3 种飞行弧度

正手慢吊(轻吊、近网吊)直线.mp4

3. 正手拦吊球

(1) 准备、引拍动作要领。做准备动作时右脚在前，左脚在后，上体稍微向前倾，膝微屈，球拍自然持于胸前。当对方击来正手后场平高球时，向后侧身后退一步后，迅速起跳向右后侧方跃起，此时右臂自然向右上摆起至最高点。

(2) 击球动作要领。击球瞬间屈腕，使球拍轻轻地正面击球托的后下部，使球在近网处落下。

(3) 随前动作要领。由于击球动作很轻，故球拍很自然地回收至胸前。

(4) 易犯的错误。除了与击高远球易犯的错误基本相同外，还易击球过重。因此，最主要的是击球瞬间用力要轻，过重就达不到拦吊球的目的。

正手拦吊.mp4

正手拦吊(对角线).mp4

4. 绕头顶快吊球

(1) 准备、引拍、击球和随前动作要领。与上手头顶击高远球的动作要领基本一致，不同的是击球瞬间改变拍面的运行角度。如快吊(劈吊)对角网前，则使拍面向对角的方向减速挥动，击球瞬间手腕做弧形外展闪动，并切击球托的左侧后下部，使球向对角网前直线快速飞行，如图 2-110、图 2-111 所示。又如，快吊(劈吊)直线网前，则使拍面向直线的方向减速挥动，击球瞬间手腕做内收闪动，并切击球托的右侧后下部，使球向直线网前快速飞行。

图 2-110　引拍动作

图 2-111　击球动作

(2) 易犯的错误。与击高远球所易犯的错误基本相同，不同的是绕头顶快吊对角击球瞬间须有手腕的外展弧形闪动动作，并切击球托的侧后下部。如无外展、弧形、切击这 3 个环节就是错误动作，快吊直线如未内收、切击也是错误动作。

绕头顶快吊直线.mp4

绕头顶快吊对角线.mp4

5. 绕头顶慢吊球

(1) 准备、引拍、击球和随前动作要领。与绕头顶快吊球的动作要领基本相同，只不过在击球瞬间用力控制得比较轻些，使球呈弧线飞行，落至网前近网区内。

(2) 易犯的错误。与绕头顶快吊球易犯的错误相同。

绕头顶慢吊直线.mp4

绕头顶慢吊对角线.mp4

6. 反手慢吊球

（1）准备、引拍动作要领。与反手击高远球的动作要领基本相同，如图 2-112、图 2-113 所示。

图 2-112　准备动作

图 2-113　引拍动作

（2）挥拍击球动作要领。前臂快速由左肩下往右上稍有外旋地挥动，手腕内收闪动，并切击球托的右下部，在击球瞬间拍面与水平面的夹角应稍大于 90°，并有前推的动作，以免吊球落网，如图 2-114、图 2-115 所示。

图 2-114　挥拍击球动作 1

图 2-115　挥拍击球动作 2

反手慢吊球直线.mp4

(3) 随前动作要领。与反手击高远球的动作要领相同。

(4) 易犯的错误。准备、引拍动作与反手击高远球易犯的错误相同。另外，在挥拍击球动作上没有前臂的外旋挥动，而只是前后挥动和手腕闪动；没有内收切击动作，而只有伸腕动作，这些都是错误的动作。随前动作上的易犯错误与反手击高远球时的相同。

三、后场杀球

杀球是一种最具威力的进攻性击球技术方法，它具有击球力量大、飞行速度快和落地时间短等特点。因此，良好的杀球技术不但能够给对方造成接球困难，而且是在空间和时间上都能起到控制场上进攻态势、限制对方直接进行有效反击战术的重要组成部分。

反手杀球属于高难度技术，本书不做介绍，在此只讲解正手杀球和绕头顶杀球。

1. 正手杀球

(1) 步法移动与选位。基本同正手击高远球，不同点在于需将击球点选在右肩稍前上方。

(2) 引拍。充分调动下肢、腰腹参与，起跳后使身体后仰呈弓形，加大引拍幅度。

(3) 挥拍击球。转腰收腹，前臂内旋带动手腕由伸展至屈收向前下方发力，手指屈指发力握紧球拍，正拍面拍击球头的后上部，集中全部的力量下压，使球快速向下飞往对方中后场。向正前下方挥拍击球为直线杀球，向斜前下方挥拍击球为斜线杀球。

(4) 还原。同正手击高远球。

正手杀球(对角线).mp4

2. 绕头顶杀球

(1) 步法移动与选位。基本同绕头顶击高远球，不同之处在于需将击球点选在右肩稍前上方。

(2) 引拍。充分调动下肢、腰腹参与，起跳后使身体后仰呈弓形，加大引拍幅度。

(3) 挥拍击球。击球动作基本同正手杀球。

(4) 还原。同绕头顶击高远球。

绕头顶杀球.mp4

3. 易犯错误及纠正方法

(1) 准备杀球时，身体要先放松，特别是在起跳杀球时，不要把所有力量放在起跳上。

(2) 杀球时，要将身体的力量向前压送，特别是上半身。

(3) 在杀球时，特别是击球和击球后，不要将肘关节下拉，这样很容易导致球下网。

(4) 杀球的击球点一定要放在右肩前上方，比高远球和吊球的击球点都靠前，这样在击球时才能将球向下压。

以上介绍了高球、吊球与杀球的基本技术动作要领及易犯的错误。其实，其中最重要的是正手高远球、绕头顶高远球及反手高远球，这些动作要领掌握好了，其他的吊球和杀球则多是相似的动作，只不过在击球的瞬间有所改变而已。如吊球，在击球瞬间改为切击动作，力量小些，击球点不同罢了；而杀球与高远球则是在击球瞬间手腕闪动角度不同，虽然都要求以正拍面击球，但拍面与水平面的夹角不同，高远球夹角大于 90°，杀球则小于 90°。准备、引拍和挥拍击球前的前期动作基本都是一致的，只是在击球的瞬间有所改变，此即高水平技术要求的高度一致性。到了高级阶段，动作一致性越好，技术的威胁性越大，战术作用也越大。因此，初学者一定要掌握好基本技术动作要领。把对方击来的后场高球，以向下的弧度回击到对方的网前区，这种吊球可以调动对方的位置，有利于己方组织进攻。

第三章　羽毛球运动基本战术

第一节　羽毛球单打战术

一、单打战术的取位

1. 高球和吊球的取位

如果你在后场回击高球或吊球时，能够打出弧度很平的直线平高球，使回球的质量很高，这时你向球场中心位置回位的移动就不需要很大，也就是说，不必回到球场的中心位置，而只需要稍微向中心位置跟进一点，把注意力放在对方回直线球的位置上，同时提防对方回斜线球就可以了。如果你是回击对方斜线后场球，这时向球场中心位置的移动就要大些，跟着球移动，重点放在对方回击直线的吊球或后场球。总之，如果你压直线球，那么向球场中心位置的回位移动可以小些；若回斜线球，回位移动的位置要大点，跟着回球的方向移动，主要是保护后场直线或网前直线。

2. 杀球的取位

当你在中场附近将对方来球扣杀过去并且质量较高时，可以直接往前移动，注意封网前。也就是说，半场球扣杀时，在主动的情况下且把握性很大时，可以往前多压一些，杀完就往前跑，准备在网前回击对方来球；当你在后场位置杀球，杀过去的球质量和位置都不太好，且对手又有接杀挑后场的能力时不要急于往前冲上去等在前场，应先向前垫一小步，以判断对方出球方向，然后再移动。

3. 网前球的取位

当你的搓球或网前小球击球点较高，回球质量很高时，你不一定马上向后退，因为对方的回球只有两种情况，一是将球反搓过网，二是将球向上挑起，如果是向上挑起的话，你有时间向后退。所以，取位的重点就是防止对方的反搓。当你搓完球后，可以不往后退，仅稍微向后垫一步，准备封对方回球。如果你的搓球质量不高，打过去的球很高，这时站位又在左、右前场区域时，对方很可能平推后场，这时你就要迅速后退，重点防后场球。总之，当你回击的网前球质量很高时，就不必急于后退，取位重点在前场，争取下一拍进攻。若出球质量不高，位置又不好时，就要稍向后退一点，重心放在后面，但仍需照顾前场区。

4. 接杀球的取位

接杀球的整个位置移动，要跟着出球的路线走。如果回直线球，身体应面对直线这边，侧重防对方回直线的半区，如果从右、左、半场回对角线球，身体就要向左、右、半场区移动。也就是人要跟着球走，你向哪个方向回击球，就应向着回击球的方向。

二、单打进攻战术

1. 发球抢攻战术

发球抢攻是比赛的重要得分手段，可根据对手的站位、回击球的习惯球路、反击能力、打法特点、精神和心理状态等情况，运用不同的发球方法，以取得前几拍的主动权。通过这一战术的运用，打乱对方的整个战略部署，让对方措手不及。特别是在关键时刻，运用发球的抢攻战术能够取得不同的效果。例如，相持时可以用它来打破僵持的局面，力争主动；领先时可以用它来乘胜追击，一鼓作气战胜对手；落后时可以用它作为最后的拼搏，力挽狂澜，反败为胜。

(1) 发前场区球抢攻战术。发前场区球有发 1 号区球，发 2 号区球，发 1、2 号之间区球，发追身球等，如图 3-1 所示。

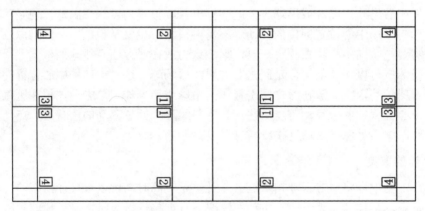

图 3-1　场地接发球点位

发前场区球的目的主要是为了限制对方马上进行攻击，其次是通过准确、有意识地判断对方的回击球路，从而组织和发动快速强有力的抢攻，如果抢攻质量好，可达到直接得分或获得第二次攻击的机会。一般情况下，要以发 1、2 号区之间的球和追身球为主，这样比较稳妥，不至于造成失误。如果己方发出一个高质量的前场区球，紧接着应迅速而准确地判断对方的回击习惯球路及其意图，然后调整好自己的站位，以利于抓住有利战机，发动进攻。如图 3-2 所示，己方从右场区发一个 1、2 号之间的球，对方回击一直线网前球，己方已判断到对方的球路，即快速反搓直线球(见图 3-2 中的 1)，或假动作平推直线底线球(见图 3-2 中的 2)，或勾对角网前球(见图 3-2 中的 3)。如第一次抢攻质量好，可立即得分或创造第二次攻击机会。发前场区球抢攻战术的其他示例如图 3-3～图 3-5 所示。

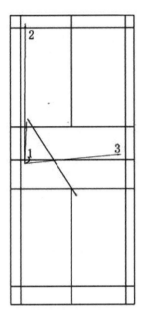

图 3-2　发前场区抢攻 1

发前场区抢攻 1.mp4

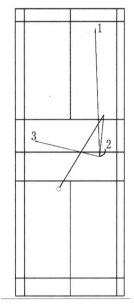

图 3-3　发前场区抢攻 2

发前场区抢攻 2.mp4

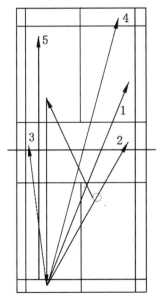

图 3-4　发前场区抢攻 3

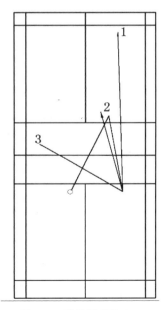

图 3-5　发前场区抢攻 4

发前场区抢攻 3.mp4

发前场区抢攻 3-2.mp4

发前场区抢攻 3-3.mp4

发前场区抢攻 3-4.mp4

发前场区抢攻 3-6.mp4

(2) 发平高球抢攻战术。发平高球有发 3 号区球，发 4 号区球，发 3、4 号之间区球 3 种平高球。

发平高球抢攻战术和发前场区球抢攻战术的不同点在于，发前场区球抢攻可直接抓住战机进行抢攻，而发平高球抢攻则要通过守中反攻的手段才能获得抢攻的机会。

发平高球的目的：一是为了配合发前场区球抢攻；二是让对手进行盲目进攻或在己方判断的范围中进攻，使发球方能从防守快速转入进攻；三是造成对方由于失去控制而直接失误。如图 3-6 所示，当对方从右后场区杀一直线球时，己方已判断到对方的球路，即迅速转体，选择以下三条守中反攻球路，即挡直线网前球(见图 3-3 中的 1)，或勾对角网前球(见图 3-9 中的 2，或反抽底线球(见图 3-3 中的 3)。如以上击球质量好，可立即得分或能创造第二次进攻的机会。发平高球抢攻战术的其他示例如图 3-7 至图 3-14 所示。

发平高球抢攻.mp4

发平高球抢攻.mp4

发平高球抢攻 4.mp4

发平高球抢攻 6.mp4

发平高球抢攻 8.mp4

发平高球抢攻 9.mp4

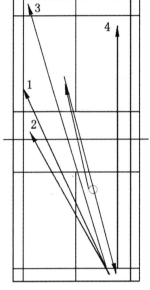

图 3-6 发平高球抢攻 1

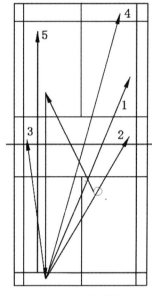

图 3-7 发平高球抢攻 2

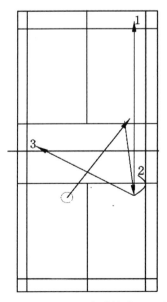

图 3-8 发平高球抢攻 3

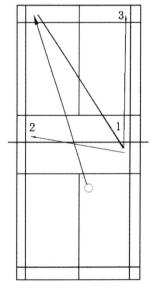

图 3-9 发平高球抢攻 4

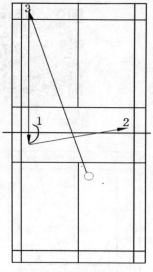

图 3-10　发平高球抢攻 5

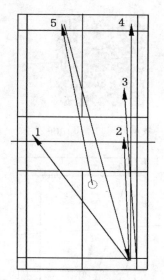

图 3-11　发平高球抢攻 6

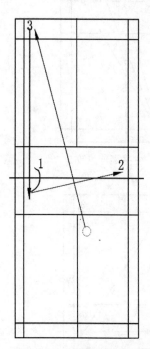

图 3-12　发平高球抢攻 7

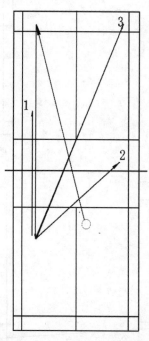

图 3-13　发平高球抢攻 8

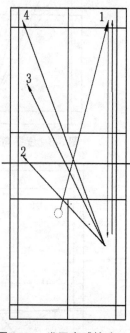

图 3-14　发平高球抢攻 9

两边平高球(右边发球).mp4

两边平高球(左边发球).mp4

(3) 发平射球抢攻战术。发平射球主要是发 3 号区平射球,如图 3-15 所示。发平射球战术的目的:一是为了偷袭,如对方反应慢,或站位偏边线,3 号区空隙大时,偷袭 3 号区的成功率高;二是为了逼对方进行平抽快打的打法;三是为了把对方逼至后场区而造成网前区的空隙。当对方从右后 3 号区杀己方正手追身球时,如己方已判断到对方的回击球路线,则可迅速反击以下 4 条球路,即:勾对角网前球(见图 3-16 中的 1),或挡直线网前球(见图 3-16 中的 2),或反抽直线球进行对攻(见图 3-16 中的 3),或反拉左后场平高球(见图 3-16 中的 4),如抢攻质量好,可立即得分或获得第二次进攻的机会。

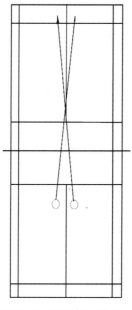

图 3-15 发平射球抢攻 1

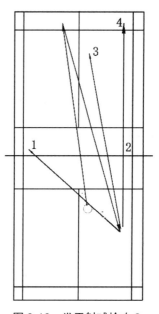

图 3-16 发平射球抢攻 2

发平射球抢攻 2.mp4

发平射球抢攻 2-2.mp4

2. 接发球抢攻战术

接发球抢攻战术是接发球战术中最具威胁力的一种战术,但前提是对方发球的质量欠佳。例如,发高球时落点不到位;发前场区球过网时过高;发平射球时速度不快、角度不佳;发平高球时节奏、落点、弧度不佳等都会给接发球抢攻造成机会。离开了这一前提条件而盲目地进行抢攻,效果就差,成功率就低。此外,还要有积极、大胆的抢攻意识。要获得抢攻战术的成功(得分),还得根据自己的技术特点和身体条件,同时结合对方的技术特点、身体条件和心理素质。例如,当对方从右场区发一平高球落点欠佳,已造成己方发动抢攻的极好时机时,就要运用自己最擅长的技术,抓住对方的弱点,果断大胆地抢攻。

抢攻战术的完成大都要由两三拍抢攻球路的组织才能奏效。所以，一旦发动抢攻就要加快速度，扩大控制面，抓住对方的弱点或习惯路线一攻到底，一气呵成地完成整个组合的抢攻战术。

如图 3-17 所示，发球方从右场区发一平高球，由于控制得不好，使接发球方有了可抢攻的机会，而且发球方防守中路球的能力差，故接发球方可大胆快速地攻击对方的中路弱点，然后快速上网。第一次攻击如果能得分最好，不能得分就要靠快速上网进行第二次攻击，即上网扑球，以达到这个回合的抢攻目的。

3. 单个技术的进攻战术

(1) 重复平高球进攻战术。这种战术的特点是以重复平高球进攻对方的同一个后场区，甚至可连续重复数拍，如图 3-18 所示，致对方于"死"地，或逼对方击出一个半场高球，以利己方进行最后一击。这种战术对于对付回动上网快、控制底线能力差以及侧身后退步法差的对手很有效。图 3-19 至图 3-25 所示为重复平高球战术的例子。

(2) 拉开两边平高球进攻战术。这种战术的特点是使用平高球或挑平高球连续攻击对方两边后场底线，以求获得主动权，或逼对方采用被动战术，以利己方进行最后一击，如图 3-26 所示。采用这种战术，要求击球方控制平高球的出手速度和击球的准确性、爆发力与动作的一致性等都比较好。这种战术对于对付回动上网快但两底线攻击能力差的对手是很有效的。图 3-27 至图 3-33 所示为拉开两边平高球战术的例子。

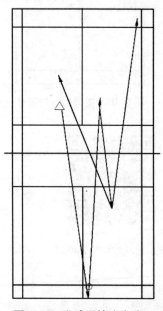

图 3-17　发球后抢攻中路 1

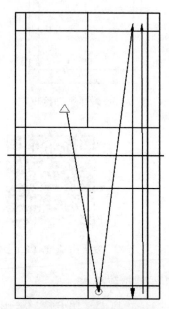

图 3-18　发球后抢攻中路 2

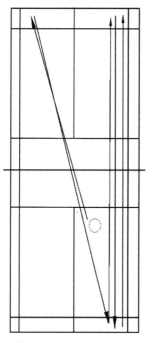

图 3-19 重复平高球 1

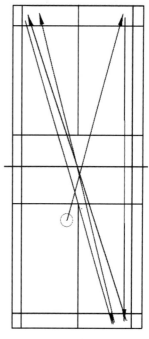

图 3-20 重复平高球 2

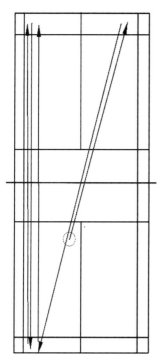

图 3-21 重复平高球 3

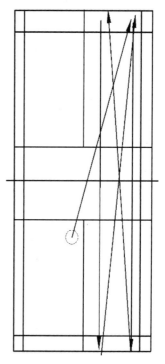

图 3-22 重复平高球 4

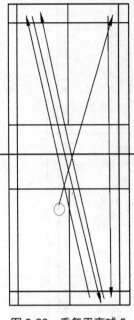

图 3-23　重复平高球 5

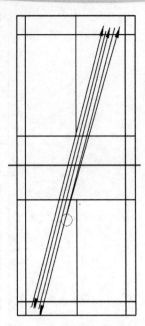

图 3-24　重复平高球 6

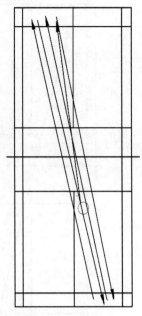

图 3-25　重复平高球 7

重复平高球 1.mp4

重复平高球 3.mp4

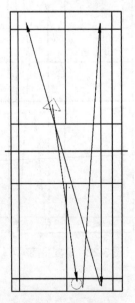

图 3-26　两边平高球

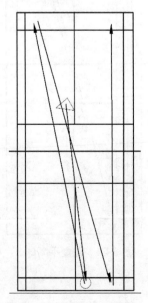

图 3-27　拉开两边平高球 1

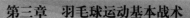

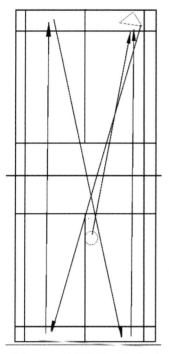

图 3-28　拉开两边平高球 2

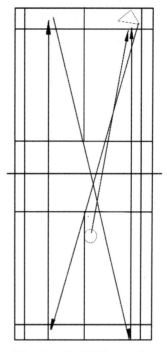

图 3-29　拉开两边平高球 3

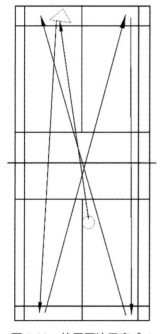

图 3-30　拉开两边平高球 4

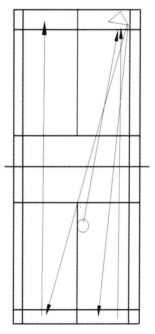

图 3-31　拉开两边平高球 5

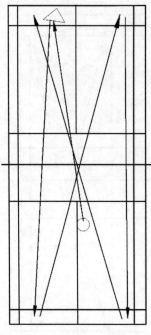

图 3-32　拉开两边平高球 6

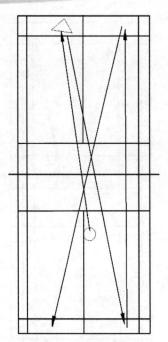

图 3-33　拉开两边平高球 7

两边平高球(右边发球).mp4

两边平高球(左边发球).mp4

　　以上例图只以两拍为例，但在实战过程中，有时可以创造出最后一击的机会，有时也需要经过反复数拍才能完成。这种战术，重点是将球击到对方两底线处，迫使其回击出有利于己方进攻的球。另外，这种战术也只以对方回击高球为例，当对方以吊、杀、劈球回击时，运用此战术也可将球压至对方底线处，从而争取主动，再采用吊、杀、劈战术。

　　(3)　重复吊球进攻战术。这种战术的特点是重复进行吊两边或吊一边，以求获得主动攻击的机会(见图 3-34)。这种战术对于己方吊球技术较好并能掌握假动作吊球者，对待对方上网步法差或对方底线球不到位，而急于后退去防守己方的杀球者最为有效。其他球路如图 3-35 至图 3-41 所示。

　　(4)　慢吊(软吊)结合快吊(劈吊)战术。慢吊(软吊)是指球从后场吊球至网前的速度较慢，且弧度较大，落点离网较近。采用这种技术结合高球是为了达到拉开对方站位的目的，有时也可得分。快吊(劈吊)是指球从后场吊球至网前的速度较快，出球基本呈一直线，落点离网较远。这是当对方站位被拉开，而身体重心失去控制的瞬间所采用的一种战术。

重复吊球 9661.mp4　　　　　　　　重复吊球 9662.mp4

（5）重复杀球进攻战术。当遇上一位防守时经常习惯反拉后场球的对手时，就可采用重复杀球的进攻战术，如图 3-42、图 3-43 所示。采用这种战术首先要了解对手的击球情况，然后先运用轻杀或短杀，此时，己方不能急于上网，而要调整好自己的位置，以利于采用重复杀的战术。

（6）长杀结合短杀(点杀、劈杀)的进攻战术。长杀结合短杀(点杀、劈杀)战术，概括地说，就是"直线长杀，对角短杀"。它比直线短杀结合对角长杀效果更好。因为"直线长杀结合对角短杀"造成对方接杀时，需要移动的距离比较远，如图 3-44 中的 1 所示，增加了防守的难度，而直线短杀结合对角长杀所需移动的距离，如图 3-44 中的 2 所示，从图 3-45 中也可清楚地看到这两种方法的对比。

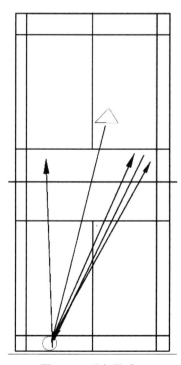

图 3-34　重复吊球 1

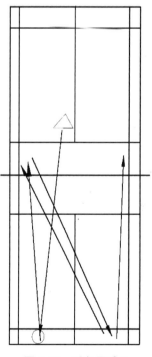

图 3-35　重复吊球 2

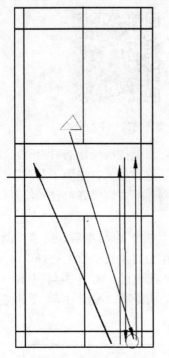

图 3-36　重复吊球 3

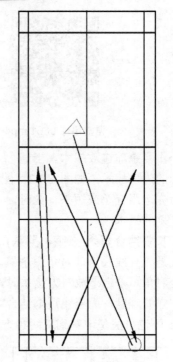

图 3-37　重复吊球 4

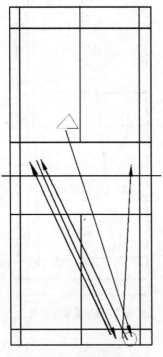

图 3-38　重复吊球 5

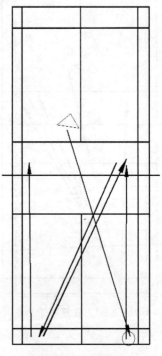

图 3-39　重复吊球 6

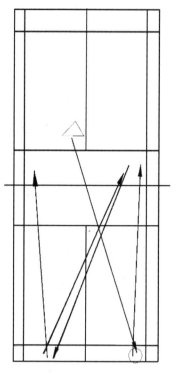

图 3-40 重复吊球 7

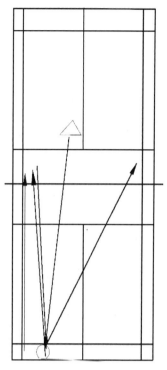

图 3-41 重复吊球 8

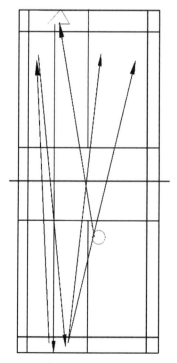

图 3-42 重复杀球 1

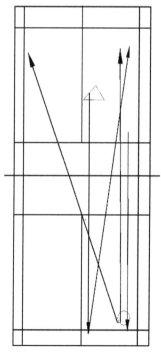

图 3-43 重复杀球 2

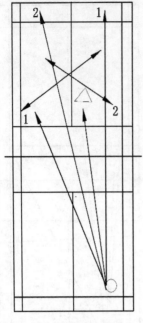

图 3-44   长杀结合短杀 1

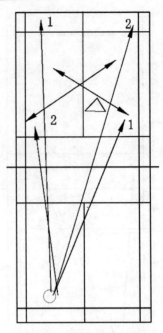

图 3-45   长杀结合短杀 2

(7)　重杀与轻杀的进攻战术。半场重杀、后场轻杀是这一战术的概括。当己方通过拉吊创造出半场球的机会时，应该采用重杀战术；反之，球在后场己方还想采用杀球时，一般多用轻杀。因为半场球用重杀，哪怕是失去身体重心，也不至于造成控制不了网前的局面，但是，如果在后场采用重杀，万一失去身体重心，上网慢了就控制不住网前的局面。而轻杀可使自己保持较好的身体重心位置，以利于下一步控制网前。

重复杀球 9664.mp4

重复杀球 9665.mp4

(8)　重复搓球进攻战术。当碰到对方上网搓球之后习惯很快退后的对手时，己方就可采用重复搓球的战术(见图 3-46)，以达到获得主动的机会及破坏对方后退进攻意图的目的，其他情况如图 3-47 至图 3-49 所示。

重复搓球 9670.mp4

重复搓球 9713.mp4

(9) 重复推球进攻战术。当碰到对方从后场拦网前球之后迅速回动至中心的对手时，己方就可采用重复推球的战术，特别是反手网前推直线球威胁性更大，如图 3-50 所示。

重复推球 9672.mp4

重复推球 9674.mp4

(10) 两边勾球进攻战术。当己方从网前勾对角网前球，对方回搓一直线网前球并退后想进攻时，己方可以再勾一对角线球。运用这一战术来对付转体差的对手时很有效，如图 3-51 所示。

两边勾球.mp4

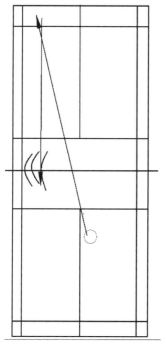

图 3-46　重复搓球 1

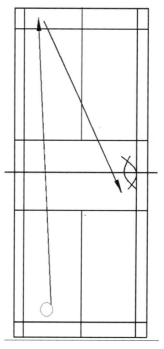

图 3-47　重复搓球 2

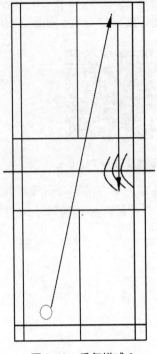

图 3-48　重复搓球 3

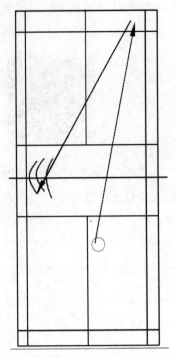

图 3-49　重复搓球 4

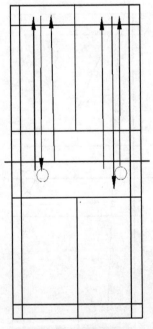

图 3-50　重复推球

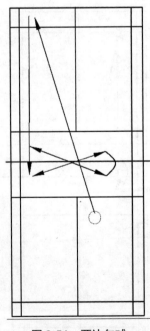

图 3-51　两边勾球

　　以上所介绍的单个技术的进攻战术主要指各种技术的重复战术。要想运用好某种战术，首先要练好该技术的基本功，然后根据比赛场上对手的实际情况采取某种单一重复战术，以发挥更大威力。

4. 组合技术的进攻战术应变

(1) 以平高球开始组织的进攻战术。"快拉快吊结合突击"的打法包括平高结合突击战术(见图 3-52)、平高结合劈吊战术(见图 3-53)和平高结合杀吊战术(见图 3-54)。实际上，就是以平高球开始组织进攻的战术。在单打比赛中，一个球的争夺一般有 3 个阶段，即控制与反控制阶段、主动一击阶段以及最后致命一击阶段。

例如，己方从正手后场区以直线平高球攻击对方头顶区，对方想摆脱被动局面反打一对角平高球，企图让己方回击直线高球，恢复其主动地位。此时己方反压对方头顶区(采用重复平高球战术)，逼对方回击一直线高球，而且移开了对方的中心位置，获得了主动一击的战机，并迅速采用吊劈对角球，从而控制了整个局面。此时，对方很被动地接回一个直线网前球，己方判断到对方只能这样回击，很快上网做了个搓球假动作后迅速推一直线，造成对方被动回击一直线半场高球，形成己方最后一击的形势。己方大力杀中路追身球，对方只能应付挡一网前球，而且回击质量不好，己方迅速上网扑球，终结了这一回合的争夺。

图 3-55 所示的 1—2 拍属控制与反控制阶段，3—4 拍属主动一击阶段，5—6 拍属致命一击阶段。在进行控制与反控制争夺主动权时要稳、准、活，一旦获得主动一击的战机时要快、准，在最后一击时要快、狠。在处理每个球时，要清醒地判断自己所处的情况，不应混淆 3 个阶段来处理球。如还未获得主动一击的情况下，不应采用主动一击的行动，更不应采用最后一击的行动。总之，在每个回合的争夺战中，要清醒地处理每个阶段的球。前面说的是不能超越阶段处理，可是，如己方处在主动一击时而不用主动一击的行动，或者己方处在最后一击情况下而不采用最后一击的行动，都是不对的，都会造成被动或失去主动权。

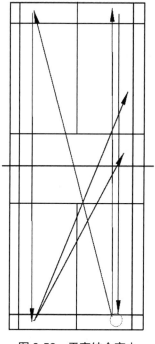

图 3-52 平高结合突击

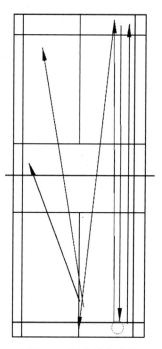

图 3-53 平高结合劈吊

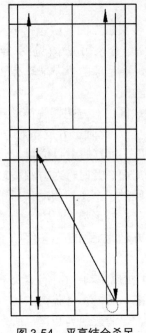

图 3-54　平高结合杀吊

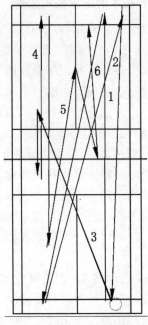

图 3-55　控制与反控制阶段

采用以平高球开始组织进攻的战术，必须考虑以下几个条件：首先是自己具备较好的平高球控制能力，并且有一定的防守对方进攻的能力；其次，对方的后场进攻能力不是太强，不是一个抢攻型队员；最后，对方的步法移动有弱点，通过高吊可以控制对方，否则难以取得比较满意的效果。

平高球结合突击.mp4

平高球结合突击.mp4

(2) 以吊劈开始组织进攻的战术。吊杀控制网前进攻战术就是以吊劈开始组织进攻的战术。其中，有吊上网搓创造突击进攻战术(见图 3-56)、吊上网推创造突击进攻战术(见图 3-57)、吊上网勾创造进攻战术(见图 3-58)、吊杀进攻战术(见图 3-59)等。采用这种战术的条件为：一是自己要有较好的吊球或劈吊球技术；二是对方上网能力较弱；三是对方后场进攻威力很强，为了不让对方发挥优势而采用这种战术。

(3) 以杀劈开始组织进攻的战术。以杀劈开始组织进攻的战术，是属于抢攻型队员的典型战术。采用这种战术必须具备良好的速度耐力、较好的杀劈上网控制网前的技术和步法。这种战术是一种威胁性很大的战术，如图 3-60 所示。这种打法在 20 世纪 60 年代以方凯祥为代表，但目前已很难看到我国优秀选手中有这种打法。而在印尼选手中却有不少人运用这种打法，以阿尔比为代表，其特点是以快速杀劈上网搓或推、勾、扑控制网前球，创造出第二次的杀劈机会。采用这种打法的队员只要有机会，就采用杀劈技术。

吊上网勾创造进攻.mp4　　　　　　吊上网推创造进攻.mp4

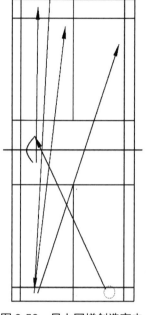

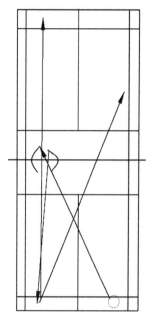

图 3-56　吊上网搓创造突击　　　　　图 3-57　吊上网推创造突击

(4) 以控制网前球开始组织进攻的战术。当对方常发网前球时，己方想组织进攻就必须从控制网前球开始，首先必须具有较快的上网步法，同时还需具有较好的搓、推、勾、扑一致性较强的技术，有了这两点才能有效地组织这一战术，如搓扑进攻战术(见图 3-61)、推杀进攻战术(见图 3-62)、勾扑进攻战术(见图 3-63)、扑杀进攻战术(见图 3-64)等。图 3-65表明，在这几个回合击球中，采用了 3 个网前的主动技术(搓、推、勾)来创造最后一击的扑杀机会。

(5) 以路线和区域组成进攻战术的应变。以路线和区域组成进攻战术变化较多，有以下 6 种。

① 对角路线的进攻战术。无论采用什么技术，都以回击对角路线来组织战术。特别是当对方打直线球时，己方以对角路线回击，对转体差或慢的对手是很有效的一种进攻战术(见图 3-66)。当然，采用这种战术不能太死板，一旦被对方发现规律，易产生不利于自己的局面。

② 三角路线的进攻战术。采用这种战术的原则就是当对方回击直线球时，己方就打对角球；反之，当对方回击对角球时，己方就打直线球。这种战术的特点是可以使对方移动的距离最远，难度较大。只要能准确地判断对方回球的路线，采用"三角路线"是一种较有效果的进攻战术(见图 3-67)。

扑推进攻.mp4

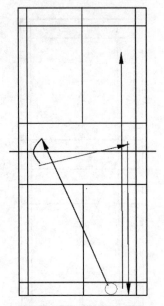

图 3-58　吊上网勾创造进攻

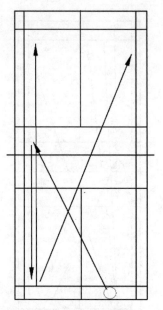

图 3-59　吊杀进攻

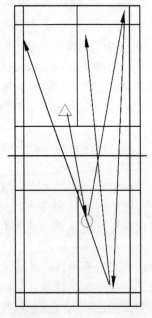

图 3-60　杀劈上网

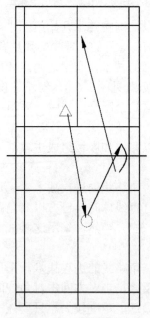

图 3-61　搓扑进攻

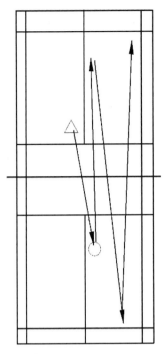

图 3-62 推杀进攻

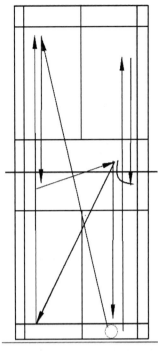

图 3-63 勾扑进攻

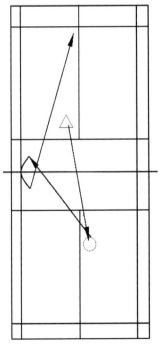

图 3-64 扑杀进攻

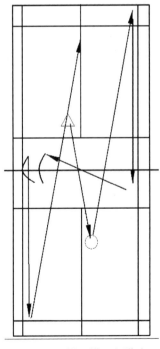

图 3-65 搓、推、勾进攻

羽毛球运动教学与训练选修课教程

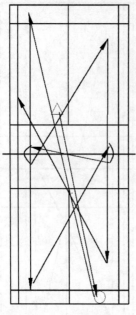

图 3-66　对角路线的进攻

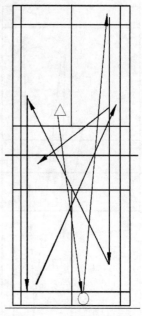

图 3-67　三角路线的进攻

③　攻后场反手区进攻战术。针对对方反手区有较大的弱点，如侧身步法差、回击头顶球后位置易被拉开、反拍技术较差、头顶区球路死板等，对己方构不成太大的威胁，采用攻后场反手区进攻战术(见图 3-68)的成功率就会较高。

④　攻后场正手区进攻战术。针对对方后场正手区有较大的弱点，如正手侧身步法差、回击正手区球后位置易被拉开、正手区的球路对己方构不成太大的威胁等，采用攻后场正手区进攻战术(见图 3-69)效果较好。

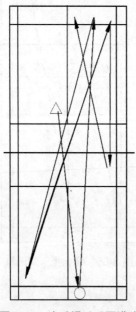

图 3-68　攻后场反手区进攻

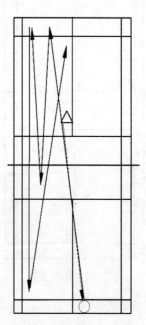

图 3-69　攻后场正手区进攻

攻后场反手区进攻.mp4　　　　攻后场正手区进攻.mp4

⑤ 攻后场两边的进攻战术。针对对方后场两边有较大的弱点，如后退步法慢、后场手法差、进攻能力和防守能力都较弱等，采用攻后场两边的进攻战术(见图 3-70)效果较好。

⑥ 攻前场区进攻战术。针对对方前场区较弱，如上网速度慢、步法有缺陷、前场手法差，从前场击出的球路及质量对己方威胁不大等，采用攻前场区进攻战术效果较好。

以上介绍的是单打进攻战术。其实在比赛中单独使用某种战术而得分的情况并不多，高水平的运动员双方都是经过多拍的控制和反控制才能获得主动进攻的机会，直至采用致命一击，所以应该组合使用多种战术，抓住对手的主要弱点进行组合攻击才会奏效，也不易很快被对方识破所用的战术。如图 3-71 所示，开始的 1—2 拍是使用重复平高球攻击对方头顶区，造成对方被动后第 3 拍采用杀对角战术，4—5 拍采用重复推战术，造成对方陷入更被动的局面，第 6 拍采用对角杀劈得分。如果在控制中由于出球质量不好，或对方早已判断到你击球的目的，他就有可能由被控制变为反控制己方。因此，获得了主动权时，要以熟练而准确的基本技术和较强的思维能力，根据对方的站位、技术和战术优缺点与心理情况等，来考虑一个击球的路线，组成灵活多变的进攻战术，才能牢牢地控制主动权，取得最后的胜利。

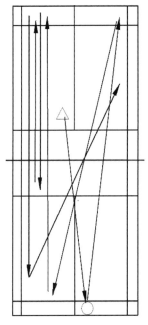

图 3-70 攻后场两边的进攻

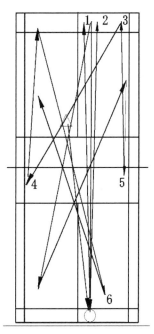

图 3-71 控制和反控制主动进攻

三、单打防守战术

防守战术的原则是"积极防守""守中反攻"，而不是"消极防守"。因此，要达到"积极防守""守中反攻"的目的，就要在自己处于防守的被动情况下，通过调整战术来化解对方的攻势，夺回失去的主动权。这就必须具备较好的防守能力(包括手法、步法)，如较好地回击后场高远球的能力、起动反应快、步法到位、有较好的反挡底线的能力、勾对角球的能力、挡及反抽的能力等，才能运用"守中反攻"和"积极防守"的战术。

1. 打两底线高远球的防守战术

打两底线平高球属于进攻战术，而打两底线高远球属于防守战术。平高球与高远球分别作为进攻与防守时使用的技术，在使用时一定不能混淆。防守时只能使用高远球，如用平高球去进行防守，不仅不能达到很好的防守目的，反而增加了防守的难度；反之，不能用高远球作为进攻战术来使用。

2. 采用勾对角网前球结合挡直线网前或半场球的防守战术

在防守中采用勾对角网前球战术是很有效果的，如再结合挡直线，就使防守战术更灵活多变。当然，这需要能准确判断对方进攻的落点，反应到位，并具有灵活多变的手法，才能打出挡直线结合勾对角的球，达到"守中反攻"的目的。

以上介绍的是羽毛球单打的进攻与防守战术，凡是谈及原则的应变方法，必须注意战术、球路是千变万化的，不可能一成不变，应根据自己的具体情况、对手的情况以及临场的具体情况，去制定应变并采用更切合实际的战术与球路，不能生搬硬套，最关键的是能灵活运用。

第二节　羽毛球双打战术

一、双打战术

(一)发球战术

双打中，发球战术具有特别重要的意义。发球质量的好坏，从战术意义上讲，直接影响到场上的局势。因此，运用好发球战术，有利于控制整场局势，对获胜有重要意义。

首先必须清楚地了解自己发球有什么优势，第三拍有什么优点，不应过多考虑对方接发球的能力，应根据己方发球与第三拍的能力来组织发球战术。

1. 根据对方站位、站法来决定发球战术

目前接发球的站法有 4 种，即一般站位法、抢攻站位法、稳妥站位法和特殊站位法。

(1) 一般站位法。其特点是站在离中线和短发球线适当的距离，主导思想是以稳为主，保护后场，对前场以推、搓、放半场为主。发球时要以发近网 1、2 号位为主，多点配合，使对方不能集中精力，这样对方就不可能打出较凶狠的球(除了己方发球偏高外)，这时的主动权取决于第三拍的回击质量。

(2) 抢攻站位法。其特点是站位离发球线很近，身体倾斜度较大，目的是要进行抢

攻,以扑球、跳杀为主来处理接发球。发球时首先洞察对方站位的目的是要进行抢攻还是怕自己接发球不好陷入困境而想冒险,还是想要以此来威胁恐吓己方,判断准确了才能以恰当的发球手段来对付对手。己方发球应以质量为主,结合时间或假动作,达到破坏对方想抢攻或冒险恐吓的目的。

(3) 稳妥站位法。其特点是站在离发球线远些的位置上,身体倾斜度较小。这是只求把球打过去而进攻意识较差的一种过渡站位法。发球时不要发高远球,应该以发网前球为主,因为对方站位消极,必然起动慢,己方发近网球有利于第三拍的反攻。

(4) 特殊站位法。一般站位都是左脚在前,右脚在后,但特殊站位法改变为右脚在前,左脚在后,这种站位法一般以右脚跳击球,不论是上网还是后蹬,均以一步蹬跳击球。发球时,在还不了解对方改变站位法的目的及其优缺点的情况下,还是要以自己为主发球,但要尽快掌握对方的目的及其优缺点,从而制定有效的发球战术。

2. 根据对方打法弱点制定的战术

(1) 调动队形的发球战术。甲后场进攻能力较强,网前封网一般,其队形安排为甲在后场,乙在前场。向甲发球时,多发前场区球;反之,向乙发球时多发后场区球。这样,一开始就会把对方的队形调动为甲在前、乙在后,限制对方发挥其队形优势。

(2) 避开特长、抓住弱点的发球战术。在接发后场区 1 号区时扑球较好,接 2 号区时一般,接 3 号区时较差,接 4 号区时一般。而在接发左场区 1 号区时较好,接 2 号区时较差,接 3 号区时球路死板且失误多,接 4 号区时攻击力差。

3. 发球战术

根据对方上述的发球特点,己方就应该在右场区更多发 3 号区结合发 4 号区,而在左场区则应该更多发 2 号区和 3 号区,以避其长而攻其短。

发球时间变化要做到快慢结合自如,使对方摸不着准确的击球时间。要掌握好这种快慢结合的发球战术,就一定要有熟练的手法动作及合理的用腕技术;否则,即使在时间上起到了破坏对方起动的作用,但因发球质量太差也达不到目的。

以上介绍的有关发球的战术,如果离开了最基本的发球质量,那么发球的战术意义就不大了。

由于双打的后发球线比单打短,在双打中若发高远球,接发球方可以大力扣杀,直接争取主动,同时又有较少的后顾之忧。因此,站位往往压在靠近前发球线处,对发球者的心理和技术上造成很大的威胁。所以,发球质量、路线的配合、弧线的制造、落点的变化对整个双打比赛的胜负意义极其重大。可以毫不夸张地说,比赛的双方若水平差不多,则胜负取决于发球质量。

(二)发球站位

发球的站位不同,对发球的飞行路线、弧线、落点和第三拍的击球都有关系。

1. 发球者紧靠前发球线和中线

这种站位始于反手发网前内角,球过网后球托向下,不易被对方扑击。由于站位靠前,也便于第三拍封网。但站位靠前不利于发平快球,一般是发网前内角位球配合发双打后发球线的外交位平高球。

2. 发球者站位离前发球线半米、靠中线

这种站位发球的选择面较广，正、反手都可发网前球、平快球、平高球，并且各种路线都可以发。其缺点是球的飞行时间长，对方有较多时间判断处理，发球后如果抢网较慢，也容易失去网前主动权。

3. 发球者站在离中线较远处

这种站位主要用于在右场区以正手和左场区以反手发平快球攻对方双打后发球线的内角位，配合发网前外角。值得一提的是，这种发球只能作为一种变换手段。因为这种发球只对反应慢、攻击力差的对手有一定的威胁，但对方有了准备时作用就不大了，而且还会使自己陷入被动。

(三)发球路线

发球路线和落点的选择需注意以下几点。

1. 调动对方站位、破坏对方打法

如对方甲、乙两名队员站成甲在后、乙在前的进攻队形，在发球给乙时可以后场为主结合网前，而发球给甲时却要以发网前为主结合后场，这样，从发球起就阻挠了对方调整站位。

2. 避实就虚、抓住对方弱点发球抢攻

首先要看接发球者的站位，如果他紧压网前站在网前内角位，可用发网前与后场动作的一致性发球到对方后场外角位；如对方离中线较远，则可发平快球突袭后场内角位；对接发球路线呆板、变化少的，可针对这种情况发球后抢封突击。

3. 发球要有变化

发球时，网前要和后场配合，网前的内角、外角，底线的内角、外角位的配合，使对方首尾难以兼顾，多点设防，疲于应付；在发球的弧线上也要有变化。这样，接球方就难以摸到发球方的规律了。

(四)发球时间的变化

接发球方在准备接发球时，思想虽然高度集中，但因受到发球方的牵制，他要等球发出后才能判断、起动、还击。所以，发球动作的快慢也应在规则允许的范围内有所变化，不要让接球方掌握规律。

(五)发球时心理的影响

在双打比赛中，有时会出现发球失常。其原因一是发球技术不过硬，二是受接发球者的影响。由于接球者站位逼前，扑、杀凶狠且命中率较高，加上比分正处于关键时，心情紧张，造成手软，从而影响了发球质量。遇到这种情况，首先要沉住气，观察接发球者的动向、心理意图、接发球的路线和规律，提高发球质量，增强还击第三拍的信心。另外，发球的路线要多变且无规律，真真假假、虚虚实实，这样就会减少不必要的顾虑，发球质量也会稳定下来。

二、羽毛球双打接发球的战术

接发球虽然受发球方的牵制，属于被动等待，但由于规则对发球作了击球点不能过腰、球拍上沿须明显低于手、动作必须连续向前挥动(不许做假动作)、不能迟迟不发等的诸多限制，所以使发球者发出的球不能具有太大的威胁力。接发球方如果判断准确、起动快、还击及时，就能在对方发球质量稍差时杀、扑得手或取得主动；反之，也会接发球失误或还击不利使自己陷入被动。

1. 接发内角位网前球

这种战术是以扑或轻压对方两边中场及发球者身体为主要攻击点，配合网前搓、勾等其他线路。

2. 接发外角位网前球

除了以上打的点以外，还可以平推对方底线两角以调动对方一名队员至边角，扩大对方另一队员的防守范围。

3. 接发内角、外角位后场球

这种战术以发球者为攻击点，力争扣杀追身球。如起动慢了，可用平高球打到对方底线两角。一般发球者在后场球发出后，后退准备接杀的情况居多，这时可用拦截吊球，落点可选择在发球者的对角。

三、羽毛球双打第三拍回击的战术

第三拍在双打技术中既是重要技术，也是重要战术。第三拍和发球有紧密联系，如果己方发球目的性强，发球质量又较好，那么，第三拍就能保持继续进攻。如果己方发球虽然目的性强，但发球质量不高，而对方也打出了意料之中的路线，这时，第三拍就应考虑如何组织反攻。如果己方发球目的性不强，质量又差，那么第三拍就应考虑如何摆脱被动局面。因此，第三拍是保持主动、组织反攻、摆脱被动局面的关键环节。第三拍要做到起动反应快，主动跟得上，被动救得起，手法出手快，能攻又能守，球路变化多，使对方封不住，从而创造更多的主动权。

第三拍回击的战术主要有：主动时，第三拍保持进攻的战术；一般情况下，第三拍进行反攻的战术；被动时，第三拍摆脱被动的战术。

(1) 主动时，第三拍保持进攻的战术。当己方发球质量较好时，就会出现第三拍的主动情况，这时要求在前场的发球者迅速举拍封住对方的习惯球路，形成两边压网的进攻队形。

(2) 一般情况下，第三拍进行反攻的战术。所谓一般情况，即对方接发过来的球对己方形成一种不主动也不被动的形势。这时，第三拍处理得好就可控制主动权；反之，就变成被动了。因此，此时的出手技术要有一定的质量，具体要求是高打、快打，但过网质量要高，球路要出乎意料，做到以速度压住对方，然后以分边压网之势，争得前半场的优势，迫使对方打出高球，让己方进攻。在这种情况下，分边逼网、大胆而快速地两边跟进与对方展开短兵相接的对攻战，是争取主动的关键，因此，第三拍、第五拍的配合是重要环节。

(3) 被动时，第三拍摆脱被动的战术。这是第三拍经常碰到的问题，可以分两种情况处理：一是对方接发球之后两边压网的打法较凶，对前半场的球封得较狠，碰到这样的对手，第三拍被动时一般要求己方反应较快，手腕爆发力也较强，迅速地把来球反挡或拉到两边后底线高球，过渡一下，让对方从后场进攻，以免被对方在前半场封住而攻死；二是对方接发球之后，两边压网的打法不凶，而且平抽快挡的打法不突出。

四、羽毛球双打第四拍封网的分工战术

第四拍封网的战术，实际上就是两人如何分工封网跑位的问题，分工明确、严密，两人跑位配合默契，就有利于控制主动权；反之，就有可能陷入被动。

(1) 如对方发球至 1 号区时，己方从右场区回击中路或右后场区，这时前场接发球者封网位置略偏左场区，后场同伴注意头顶后场高球和正手网前球。

(2) 如对方发球至 1 号区，己方从右场区回击直线半场球时，封网须封直线球。但如遇到对方第三拍习惯以勾对角线为主时，封网者应有意识地改变自己封直线的原则，而改变为封对角，如有漏封则后场同伴要迅速补上。如补得快还可获主动，补得慢就陷入被动，补不上则失误。

当对方从右场区发球至 2、3、4 号区及从左场区发球至 1、2、3、4 号区时的封网规律与发球至 1 号区基本相似。

通过以上分析，可以得出第四拍接发球方封网分工的一个普遍的规律：一般是球到对方右场区，就封住自己的左场区；球到对方左场区，就封住自己的右场区，即所谓的封住对方的直线球路，而这一规律的特定条件是己方接发球时获得主动。如接发球尚未处于主动时还按此规律执行，往往会在第三拍时被对方较好的反击破坏掉。当然，第三拍时对方的习惯球路是己方封网分工的依据。因此，接发球质量和路线配合优劣，都会直接影响到全场的主动与否。

如果接发球质量好，紧接着就是第四拍如何封得紧、封得快、封得狠，以便把进攻保持下去，即所谓连得上。若第四拍意识和技术跟不上(即封不紧、封不快、封不狠)，则会破坏已形成的进攻局面，甚至会陷入被动。因此，除了发球、接发球、第三拍外，第四拍的训练也是极其重要的，切不可放弃训练，最好是采用二打二的前五拍训练方法。

五、羽毛球双打两种常用战术

羽毛球双打过程中常用的几种战术如下。

(一)攻人

这是羽毛球双打中常用的一种战术，就是以人为攻击目标。对付两名技术水平高低不一的对手时，一般都采用这种战术，对付两名实力相当队员时也可采用这一战术。集中进攻对方一名队员，常能起到"集中优势兵力打歼灭战"的作用；在另一队员过来协助时，又会暴露出空当，可在其仓促接应、立足不稳时进行偷袭。

(二)攻中路

1. 守方左右站位时把球打在两人的中间

这种战术可以造成守方两人抢接一球或同时让球，彼此难以协调；限制对手在接杀球时挑大角度高球调动攻方；有利于攻方的封网，由于打对方中路，对方回球的角度也小，网前队员封网的难度就小了。

2. 守方前后站位时把球下压或轻推在边线半场处

这种战术多半是在接发网前球和守中反攻抢网时运用。这种球守方前场队员拦截不到，后场队员又只能以下手击球放网或挑高球，后场两角便会露出很大空当，因而有机可乘，可攻击他的空当或身体位。

3. 攻后场

这种战术常用来对付后场扣杀能力较差的对手，把对方弱者调到后场后也可以使用。此战术多采用平高球、平推球、挑底线把对方一人紧逼在底线，使其在底线两角移动击球，在其还击出半场高球或网前高球时即可大力扣杀，取得该球的胜利或主动。如在逼底线两角时对方同伴要后退支援，则可攻击网前空当或打后退者的追身球。

4. 后攻前封

后场队员积极大力扣杀创造机会，在对方接杀放网、挑高球或企图反击抽球时，前场队员以扑、搓、勾、推控制网前，或拦截吊、点封住前半场，使整个进攻连贯而又有节奏变化，令对方防不胜防。

5. 防守

(1) 调整站位。为了摆脱被动，伺机转入反攻，首先要调整好防守时的站位。如果是网前挑高球，那么击球者应该直线后退，切忌对角后退。直线后退路线短、站位快，对角后退路线长，也容易被对方打追身球。另一名队员应根据同伴移动后的情况补到空当位。双打防守时的站位调整，都是一名队员在跑动击球时，另一名队员根据同伴的移动情况填补空当。

(2) 防守球路。防守球路方法有以下 4 种。

① 攻方杀球者和封网队员在半边场前后一条直线上，接杀球应打到另半边前场或后场。

② 攻方杀球者和封网者在前后对角位上，接杀球时可还击到杀球者的网前或封网者的后场。

③ 攻方杀球者杀对角后，另一名队员想要退到后场去助攻时，接杀球时可以还击到网前中路或直线网前。

④ 把攻方杀来的直线球挑对角，杀来的对角球挑直线以调动杀球者。

关于防守的方法还有许多，其目的都是为了破坏攻方的进攻节奏和进攻势头，在攻方进攻势头一减时即可平抽或蹲挡，若攻方站位混乱出现空当，守方即可抓住战机转守为攻取得主动。

六、根据对手情况制定的双打战术

1. 对一强一弱的配对

所谓"强"，就是技术、思想、心理、体能等主要因素均较好，反之是"弱"；或者有等级差别的选手，如有一名是运动健将或国家队队员，另一名是省队队员；或者是同级别，但是在防守上一好一差。遇到这样的配对，必须采用攻人战术，集中优势兵力二打一可取得较好的战果。

2. 对单打技术好而双打技术和能力差的配对

遇到这样的配对，首先在发球、接发球上争取主动，战术上采用猛抽快打的方法，在前半场要采用并排对攻快打、硬推、硬压的战术；如仍占不了上风，也不能着急，要把球拉到底线，然后从防守中找机会，进行平抽两边封网再对攻。总之，要快、要硬、要狠，如果慢了、软了，对方就可以发挥优势，对己方很不利。

3. 对一左一右的配合

和这种配对的对手比赛，一定要冷静沉着地分析这一左一右是如何站位的，从接发球时就要分清谁在前、谁在后，要根据对手的站位来决定己方采用的战术路线。如果未弄清楚，可以采用打中路球攻中路的战术。

4. 对喜欢采用半蹲防守的对手

遇到这种对手千万不要长杀，以免正中其下怀，而应采用半杀战术与半杀左下方的战术与其周旋，伺机待发。

5. 对拉两边线较好的防守型配对

遇到这种配对，思想上要做好艰苦作战的准备。因为对方防守好，又以拉两边底线为主，来回次数必然较多。同时要有耐心，不要想一杀就得分，而且更要重视相互的配合，多采用杀吊结合的战术，不要盲目乱杀，以免消耗体力过多却收效甚微。应该稳扎稳打，遇到不利的情况要先吊后杀，吊一吊再杀，以保持体力，看准时机坚持到最后，这样胜利的希望就大。

七、双打配合中的几个主要问题

在双打配合中需要注意以下问题。

1. 共同的目标是双打配合的思想基础

首先要增强为国争光的事业心，明确大家都是为了一个共同的目标来攀登羽毛球技术高峰的。有了这个思想基础，思想上的配合问题就能迎刃而解；反之，只考虑个人私利、骄傲自大，只看到自己的长处，看不到自己的短处，就会出现不协调、闹矛盾。如果为了满足其个人主义的要求而拆对又配新同伴，过一段时间新的问题又会出现，配合问题总是得不到解决。因此，只有从根本上克服个人主义思想，提高对打球的目的性认识和树立事业心，才可能解决双打配合中的其他更细致、更复杂的问题。

2. 要做到互相信任

比赛中如果双方互相不信任，必然会造成在球场上表现失常。例如，发球队员对同伴第三拍的技术不放心，总担心他守不住，这样就必然会影响到自己的发球质量；反之，在后面的同伴对发球同伴不信任，怕他发球太高，导致自己处理不好第三拍，结果由于思想不集中或过度紧张反而造成第三拍失误。这都是由于互相不信任造成的。应该提倡在思想上互相信任，如发现同伴某项技术或战术比较差，就应该帮助他迅速提高，帮助同伴提高的同时也提高了自己。而存在问题的一方也要考虑到如不迅速提高将会对配合产生不利影响，因此，应该更刻苦地训练，尽快掌握、改进技术和战术，以适应战术上的需要。

3. 要互相鼓励、互相补缺

往往有这种情况，同伴由于种种原因未发挥出应有的水平，这时就会出现两种情况：一种是热情鼓励，并以很大的努力来弥补同伴的弱点，使其能在鼓励和帮助之下转变思想而发挥得比较正常；另一种是当同伴发挥不正常时就埋怨，态度很生硬、很冷淡，总认为球打不好都是同伴的原因，这样，不只是同伴改变不了情况，埋怨者本人也会因此而失去信心，所以往往是以埋怨开始而以泄气告终。

弥补同伴弱点的办法有两种：一是加强攻势，以减轻防守压力；二是在不得不防守时，尽量把球送到和同伴成对角的落点上，以减少对方进攻同伴的机会和降低威胁，使同伴也能守得住，从而增加信心。若同伴的体力较差，又常被对方逼到底线，造成很大困难，这时体力较好的一方应主动要求同伴进攻对角线，后上网，自己退后进行左右移动进攻，让同伴回到网前以调整和恢复体力。

以上类似的情况有时会在一场比赛中都出现，也可能只出现某一种情况，这时若不能很好地处理，势必造成失败。因此，提倡在遇到困难时要做到互相鼓励、互相弥补缺点，不埋怨、不泄气。

4. 在战术上要做到互相了解

在一场比赛中两个人要配合得默契，除了以上三点外，在战术上还应该互相了解，特别是在前场封网者一定要做到了解后场同伴这时会打出什么路线的球，是扣杀还是打吊球，是攻直线还是攻对角，打完球之后是能够左右移动还是不能，后场是否要网前的人去补等，都要在一瞬间做出准确的判断。如果这种判断正确的话，那么配合就算默契。总之，要两人的想法一致才能打好双打，才能解决好双打的配合问题。

八、混合双打战术

(一)混合双打的发球战术

混双发球是一项战术意识很强的技术，发球质量的好坏，直接影响到主动和被动、得分与失误，特别是由于混双是由一男一女两队员组成，在发球问题上和男双与女双有着共同点，但也存在很大的差别。当女队员发球给女队员接时，就比女双容易，因后场有一男队员在接第三拍。可是，当对方是男队员接发球时，就比女双困难多了。男队员上网接发能力和第四拍封网能力比女队员强，给发球的女队员增加了发球难度。反之，当男队员发球时，由于他不能像男双一样，发球后立即上网封网，而是要兼顾控制后场，因此，站位要比较靠后，发球过网的飞行时间要较长，有利于对方接发球者有时间回击来球。总之，男队员的发球，比男双要困难得多，如没有进行专门训练，一般是很难过关的。

在发球战术中，混双发球可以使用双打发球战术中的以下几项：如"以我为主"的发球战术、"发球时间的变化战术"和"发球路线的配合战术"，如软硬结合、长短结合、直线对角结合，都属于同一道理，均可使用，这里不再重复。在此要着重谈发球中如何根据男女队员交替这一特定条件来考虑站位与战术。

(二)混合双打的接发球战术

1. 混双接发球战术与双打接发球战术的共同点

混双接发球战术与双打接发球战术一样，要根据对方发球质量的好坏来处理，也要根据对方的站位"以我为主"的接发球战术来处理。

2. 混双接发球战术与双打接发球战术的不同之处

混双接发球战术在球路上与双打接发球战术的不同在于不论男、女队员接球，大都以拨对角半场、直线半场、勾对角前场以及放网为主。推、扑后场球只有在对方发球质量很差才使用。而拨半场球及勾放前场球的目的是抓住女队员这一相对较弱的目标而制定的战术。

如果对方发 3、4 号区时，当女队员发球后分边防守，己方应集中攻击女队员防守区，如果男队员发球且女队员只防守一角时，应吊对方右前场，杀对方的二边线球。因对方基本上分前后站位，对边线防守难度加大。反之，如对方是从左场区发球，那么，道理一样，换一边攻击区。

接发球后男队员应保持在后场，女队员则在前场，因为男队员接发球后还需迅速退到后场控制底线区。这就是造成男队员接发球不能太凶的缘故。

当然，也有的男队员接发球后就到网前封网，但为数不多，只有当对方发球质量差，前三拍无法挑到己方后场的情况下，才到网前封网。

(三)混合双打的第三拍的回击战术

混双的第三拍和双打有着同样重要的地位，它在主动时，保持进攻；一般时，积极反攻；被动时，摆脱被动。在这 3 种情况下使用的战术，其意义和双打是同样重要的。

1. 主动时第三拍保持进攻的战术

当己方发球质量较好时，有两种情况。一是女队员发球，那么，女队员可直接封住前半场区。如果发球好，就会迫使对方回球有些向上，所以女队员只要能举拍封住前半场对己方就有利。当女队员封左边时，右边网前的防守要由男队员负责。而当女队员封右边时，左边网前的防守要由男队员负责。可以说，女队员以封住对方的直线球为主，如能判断到对方打对角网前，也可封网，特别在对方手法不好，出球质量较差时，可由女队员直接封网。一般情况下，女队员封对方的直线来球最为理想。二是男队员发球，女队员负责封网。发球时，女队员的站位形成了右边和左边发球不同的防守区：从右场区发球时，由于女队员的站位是在左前场区，因此，当男队员发 1、2 号位时，女队员就专心地封好左前场区和中路网前，此时，对方如回击右前场区的弱区，则由男队员去补救。从左场区发球时情况就不一样了，因女队员的站位靠近中线，当发 1 号区时，女队员可封整个前场区；当发 2 号区时，女队员重点封住右边线。当然，由于发球与站位时对各种配对有不同的站法，可按自己的特点去进行封网分工。

2. 在一般情况下第三拍进行反攻的战术

在一般情况下，对方回过来的球，对己方形成一种不主动也不被动的形势。己方若能处理好，便可获得主动权，处理不好就会造成被动。因此，出手和球路问题成了关键性技术。要根据对方接发球后的站位及分工情况，来考虑己方应打怎样的球路才有利于获得主动权。在获得主动时，不要打太靠后的球给男队员。

3. 被动时如何摆脱被动的战术

当处于被动时，可分两种情况处理。其一，对方接发球后两人的站位均偏前，如男队员接发球后的位置偏前或者女队员接发球占据主动后，男队员也向前逼网了，此时，网前两边都很难打，因此，最好的办法是把球挑到后场两底线，过渡一下，让对方从底线进攻，己方再开始组织反攻。此时，最忌挑球高度不够，打不到底线，就易被对方拦击造成被动局面。其方法是当对方控制网前较紧时，就得想尽办法先把球打到底线，打守中反攻战术。其二，对方接发球后，网前区有一个漏洞区，如男队员接发球后急于回动照顾后场，于是在网前出现了漏洞，此时，己方可迅速回击漏洞，就有可能转被动为主动。在这种情况下，前提一定是要有较好的回击质量，不然是摆脱不了被动局面的。

总之，在被动时，一定要冷静分析对方的弱区在哪里，然后把球打到那个点或那个区去。当然，这里包括对方技术上的弱点。如果己方女队员防守能力差，抵挡不住对方的攻击时，情况就更困难了。

(四)混合双打的第四拍封网战术

第四拍封网的分工战术，主要是指两人如何分工封网的问题。

这里有一个基本规律，即女队员接发 1、2 号区球，能主动回击时，女队员就封住对方的直线球路，而男队员则看守其他的区域；如接 3、4 号区球，能主动回击时，女队员可回动封直线前场区，而男队员则看守其他 3 个方向的球。如不能主动回击则无法回动，女队员则只能防守在后场一个区过渡一下，此时，男队员则要看守前场两边和后场另一区。

但是，当男队员接发 1、2 号区球时，如能主动回击，应由女队员封住对方的直线球路。女队员除要控制网前球外，还要和男队员保持一个错位，以封住对方反抽对角平球，使男队员能调整一下，此时，女队员的站位和男队员成对角，有利于封住对方抽对角的平球。这点也是混双不同于男双的另一个特点。特别是进行中场抽、推球时，女队员能否封紧对角平球至关重要，而男队员则看守其他的中后场区球。如不能主动回击，情况就比较复杂了，此时由于男队员的站位已被引到前场，因此另半边的后场底线成为漏洞，如对方回击高球至底线，女队员可后退，代替男队员进攻一二回合。当接发 3、4 号区球时，如能主动回击时，女队员除负责前场区外，还得负责封对方抽对角的平球，以使男队员位置更主动。如不能主动回击，就得根据己方男队员位置是否无法回动来决定，由于无规律可循，因此情况就比较复杂。

(五)混合双打的攻女队员战术

这是混双战术的核心战术，当一方获得主动进攻或在寻求进攻机会的过程中，如何熟练地使用攻女队员战术是很重要的。

1. 获主动进攻时运用攻女队员的战术

当获得主动进攻的机会，对方已形成男女两边防守的阵势时，己方就得抓住这一有利时机运用攻女队员的战术，如攻女队员右肩战术、杀吊女队员的结合战术、杀女队员小交叉的战术、杀中路至女队员一边的战术。总之，应该集中力量运用攻女队员的战术。当然，这一般是就女队员的防守能力比男队员差的情况而言的。如果在比赛过程中己方发现男队员防守能力下降，也不一定坚持打这一战术。

2. 两边中场控球时运用攻女队员的战术

中场控球的概念，就是对方击过来的球，己方不是很主动也不是被动的情况，此时处于控制的阶段。此时如何运用攻女队员的战术呢？首先，要明确此时是处于控制阶段，不要把球打到对方男队员手中，而应该把球打到女队员的防守区域，以便从中获得主动权。

例如，己方女队员发 1 号区球，对方女队员接发推半场球，己方男队员处于控制阶段。此时，要分析对方女队员的位置及封网特点，如男女队员封直线的意识较差，而且位置较靠近中线，此时，己方可回击一直线半场球，球的落点要使女队员跑动回击，由于她判断封网差，又站位靠中线，必然不能主动回击，就有可能回击出高球，以利己方主动进攻。假设对方女队员站在偏边线的位置准备封己方的直线半场时，己方可回击对角网前，造成对方被动起高球。又如，对方接发放网，己方也可回击两条路线，但一定要注意己方是要实行攻女队员的战术，因此，球一定要打到女队员的防区，让她去处理球，不要太用力，防止把球打到中场让男队员去处理。然后，己方女队员封紧网前，让她打出高球，这种战术就属成功的，反之被女队员封住就被动了。

在处理这种球时要注意的是"巧打"，而不是"硬打"，特别要注意判断对方女队员的封网意图，最要紧的是有高质量的回击球路：一是球要出乎对方女队员的判断；二是要有高质量的过网弧度，弧度要平，不易被对方女队员扑死，只能推，这样就有利于己方控制，从中找到迫使对方回击出高球的可能性。

3. 接发球时运用攻女队员的战术

当己方接发球时，可直接运用攻女队员的战术，总的要求就是把球回击到前场，如放网、放对角网前、轻推直线半场或轻拨对角网前，这些球都会促使对方女队员跑动回击，如攻击质量好些，己方就可获主动进攻的机会，如质量差则易被动。

当己方遇到对方男队员水平较高，而女队员相对差一些时，运用这种战术是很有效的；反之，男队员水平一般，特别是后场攻击水平一般，而女队员网前封网水平很高时，己方就不一定要坚持运用这种战术。例如，女队员封网意识很强，而男队员在后场进攻对己方威胁不是很大时，应先过渡到后场区，再伺机反攻。

(六)混合双打的攻中路战术

比赛中有这样的情况：对方男队员在进行两边中场控制时，能力很强，威胁很大，他将直线结合对角球处理得很好，使己队防守的区域扩大，特别是女队员不易封住对方回击的平球。此时，改用攻中路战术，会使对方的优势无法发挥，由于对方在处理两边线球时的手腕控制能力较强，如打中路，则可化解对方这一优势，如对方还是用以前的角度击球，就有可能造成角度太大而出界，再则因为球在中路，对方易回击直线，己方女队员也易封网。总之，采取这一战术的作用，一是让对方优点无从发挥；二是使己方男队员的防守范围缩小，特别是对于封直线区角度小得多。

(七)混合双打的杀对角攻男队员边线的战术

当己方获得主动进攻的机会时，在一般情况下，均是采用攻对方女队员的战术，此时，对方男队员会尽量站在靠近女队员的一边，特别是在和女队员成直线进攻时，从而造成男队员另一侧空当的局面，在这种情况下，就可使用杀对角攻男队员边线的战术。男队员之所以会靠近女队员一侧是因为他总感到女队员防守能力较弱，目的是为了保护女队员。当然，使用这种战术的前提条件是女队员和进攻者成直线，而这种情况很少见，因为一般被对方逼挑高球后，女队员往往退到与进攻者成对角的一区，如遇到这种情况，就不易实行这种战术了。

(八)混合双打的杀吊结合战术

在对方男队员要防守 3 个区域，女队员只防守一个区域的情况下，也可以考虑进行杀吊结合攻对方男队员网前的战术，以打乱对方的防守阵地。例如，女队员挑出不太靠后的球，她必然迅速后退，在这种情况下，采用杀吊结合战术是很有实用价值的。

(九)混合双打的半杀结合长杀、重杀结合轻杀的战术

这些都是在主动进攻中应该掌握的技巧和战术。一味地重杀一个角度，当对方适应了也就没效果了，一味地使用长杀易被对方采用半蹲防守对付。所以，在进攻中除了要结合高吊外，还得注意角度的变化，即落点长短的变化，以及击球力量的变化，即轻杀和重杀的结合。

(十)混合双打的进攻中封网分工方法

如己方获得主动进攻时，由于封网分工不明确，可能导致失去主动权。因此，封网明确分工是使己方主动进攻能达到攻对方于死地的目的。

1. 从右后场区进攻的封网分工

当己方男队员获得右后场区主动进攻时，如对方女队员和己方男队员成直线，己方杀直线，己方女队员要封住前场区域的平球，此时，左前场区是弱点和漏洞。如对方女队员退到对角区，此时己方女队员要封住左场区的平球，右前场区是弱点和漏洞。

2. 从左场区进攻的封网分工

当己方男队员获得左后场区主动进攻权时，如果对方女队员和己方男队员成直线，己方杀直线，己方女队员则要封住左前场区的平球，特别要注意对方平抽对角线平球时，一定要封住，以便减轻男队员的压力。此时对角网前是弱点和漏洞。如对方女队员和己方男队员成对角线，己方杀对角，己方女队员则要封住右场区的平球，此时，对角左前场区是弱点和漏洞。

(十一)混合双打的防守战术

1. 混合双打的挑两底线平高球

挑两底线平高球战术即所谓的对方杀直线，己方挑平高对角；对方杀对角，己方挑平高直线，以达到调动对方左右移动的目的。如对方移动慢，就无法保持进攻，或其盲目进攻，利于己方反攻。

2. 混合双打的反抽直线勾对角战术

当对方男队员从两底线进攻站在对角线的己方女队员时，己方女队员可采用反抽直线结合勾对角战术，从而以最大角度调动对方，并抓住其漏洞，但要注意反抽必须越过对方女队员的封网高度。

3. 混合双打的反抽对角挡直线战术

当对方男队员从两底线进攻站在直线的己方女队员时，己方女队员可采用反抽对角结合挡直线的战术来抓住其漏洞，但同样也要注意反抽必须越过对方女队员的封网高度。

4. 混合双打的挡直线、勾对角网前战术

当对方男队员从两底线攻己方女队员时，己方可采用挡直线结合勾对角网前的战术，以避开后场强有力的攻击。只要挡和勾的质量有保证，一般还是容易变被动为主动的。当然，当己方把球打到某个点时，女队员要逼近封住其直线区，迫使对方打出高球。

5. 混合双打中的规律性问题

(1) 从发球路线来看，主要是以发 1 号区球为主，其次是 2 号区球和 4 号区球，很少发 3 号区球。

(2) 从接发球的球路看，主要是以接发对角球(小对角)为主，特别是从 1 号区接发两边中场球较多，而且落点均是两边中场球，其次是后场球，放网前球极少。

(3) 从行进间球路的规律来看，是以直线球路为主。

(4) 根据以上规律应该注意以下几个问题：①处理好 1 号区的接发球；②第三拍要注意处理好两边中场球，控制好两边中场球；③在行进间女队员要特别注意封直线球，兼顾对角球。

6. 混合双打技术上的注意事项

(1) 在手法上要注意掌握变线能力及控制能力，盲目地用力击球往往造成控制不住球，变线能力也不行。

(2) 击球点上要注意高点击球，这样有利于平推、抽和下压球。

(3) 在击球时间上不要一味快打而缺少快慢结合，要注意利用假动作、时间差击球。

(4) 女队员在封网击球的用力问题上，要注意能向下扑的球才用力扑压，如只能推的球，不要太用力，以免让对方后场的男队员较易控制，轻推半场球往往更有效。

(5) 女队员的网前站位不要太靠近网前，这样有利于增强封网能力。

(6) 封网时，拍子要举得高些，以便直接向前或向下封压。应减少向后引拍的时间，提高封网的威胁性。

(7) 在封网的步法上要注意封到球之后不要急于向中场回动。

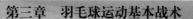

（8）当双方男队员在进行直接控制的过程中，女队员如没有把握，不要随意去抢球。应注意对方万一变线抽对角，女队员要能封得住，以减少男队员的压力，以利于男队员调整到有利位置。

（9）当己方获得主动进攻的机会，对方女队员已退至较好的对角防守位置时，不要勉强去攻击对方女队员，而应采用过渡进攻的办法，使自己获得更有利的进攻位置，再进行第二次进攻。

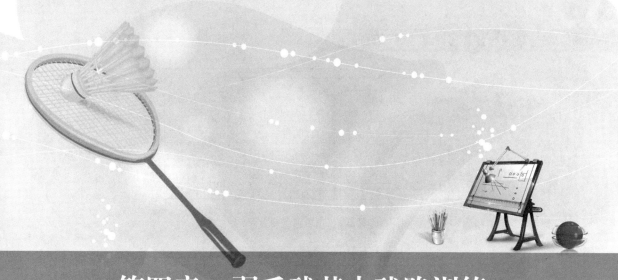

第四章　羽毛球基本球路训练

第一节　固定高吊球训练

　　羽毛球球路训练就是把两个或两个以上的基本技术，通过一定的路线组合在一起进行练习的方法。在训练时，可以事先规定回球的落点、回球的路线，也可以不固定路线进行练习。一般来说，球路训练应该遵循由简单到复杂、由固定球路到不固定球路这样一种循序渐进的方式进行练习。在羽毛球的学习和训练中，特意设计一些专门的球路有针对性地进行训练，将有助于把已掌握的基本技术有机地结合起来运用，同时还可以把前场与后场、进攻与防守、直线与斜线等技术综合起来在一定的形式下加以熟悉、巩固和提高。下面介绍一些常见的、简单的球路训练方法。

　　固定高吊球练习主要介绍在右后场区，也就是正手击球和左后场区头顶击球位置的高吊球练习。不论你是在右后场区还是在左后场区进行高吊球练习，要求每回击一次球后都应该适当地向球场中心位置移动，不论你是将球用直线还是斜线打到对方场区内的任何一个落点上，要求你所击出去的每个球都尽量靠近边线，以使对方在场区内进行最大范围的跑动。

一、右后场区位置的高吊球练习方法

1. 正手直线高、吊球练习

　　甲站在右场区底线与边线附近位置(正手底线)A 处，把球分别打到乙的左后场区底线位置 B 处和左前场区位置 C 处；乙将甲打过来的球分别从位置 B 处和 C 处还击到甲的正手底线位置 A 处，让甲在基本不移动的情况下完成直线高球和吊球的练习，如图 4-1 所示。

2. 正手斜线高、吊球练习

　　甲站在右场区底线与边线附近位置(正手底线)A 处，把球分别打到乙的右后场区底线位置 B 处和右前场区位置 C 处；乙将甲打过来的球分别从位置 B 处和 C 处还击到甲的正手底线位置 A 处，让甲在基本不移动的情况下完成斜线高球和吊球的练习，如图 4-2 所示。

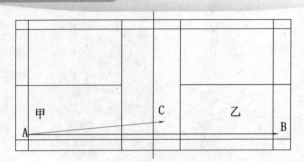

图 4-1　正手直线高、吊球

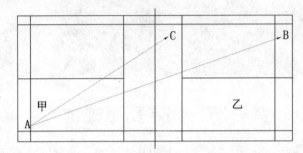

图 4-2　正手斜线高、吊球

正手直线高、吊球练习.mp4　　正手斜线高、吊球练习.mp4

3. 正手直线高球、斜线吊球练习

甲站在右场区底线与边线附近位置(正手底线)A 处，把球分别打到乙的左后场区底线位置 B 和右前场区位置 C 处；乙将甲打过来的球分别从位置 B 处和 C 处还击到甲的正手底线位置 A 处，让甲在基本不移动的情况下完成直线高球和斜线吊球的练习，如图 4-3 所示。

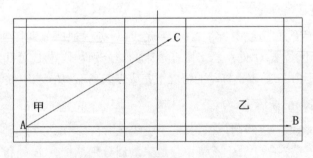

图 4-3　正手直线高球、斜线吊球

4. 正手斜线高球、直线吊球练习

甲站在右场区底线与边线附近位置(正手底线)A 处，把球分别打到乙的右后场区底线位置 B 和左前场区位置 C 处；乙将甲打过来的球分别从位置 B 处和 C 处，还击到甲的正手底线位置 A 处，让甲在基本不移动的情况下，完成斜线高球与直线吊球的练习，如图 4-4 所示。

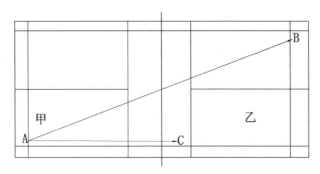

图 4-4　正手斜线高球、直线吊球

5. 正手直线、斜线的高、吊球练习

甲站在右场区底线与边线附近位置(正手底线)A 处，把球分别打到乙的左后场区底线位置 B 处、右后场底线位置 C 处、左前场区位置 D 处和右前场 E 处；乙将甲打到各个不同位置落点的球还击到甲的正手底线位置 A 处，让甲在基本不移动的情况下完成直线和斜线高球与直线和斜线吊球的练习，如图 4-5 所示。

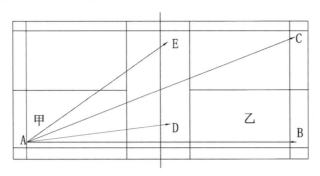

图 4-5　正手直线、斜线的高、吊球

正手直线高球、斜线
吊球练习.mp4

正手斜线高球、直线
吊球练习.mp4

正手直线、斜线
高吊球练习.mp4

二、左后场区位置的高吊球练习方法

需要注意的是，在左后场区的练习中，开始阶段一般都要求练习者用头顶技术去完成每个击球动作。建议在头顶高、吊击球技术掌握较为熟练时，才用反手击球技术完成左后场区的高、吊球练习。

1. 头顶直线高、吊球练习

甲站在左场区底线与边线附近位置 A 处，把球分别打到乙的右后场区底线位置 B 处和右前场区位置 C 处；乙将甲打过来的球分别从位置 B 处和 C 处击到甲的左后场区位置 A 处，让甲在基本不移动的情况下完成直线高球和直线吊球的练习，如图 4-6 所示。

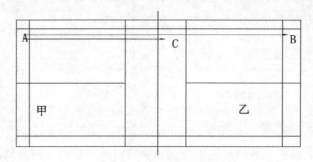

图 4-6　头顶直线高、吊球

2. 头顶斜线高、吊球练习

甲站在左场区底线与边线附近位置 A 处，把球分别打到乙的左后场区底线位置 B 处和左前场区位置 C 处，乙将甲打过来的球分别从位置 B 处和 C 处还击到甲的左场区底线位置 A 处，让甲在基本不移动的情况下完成斜线高球和斜线吊球的练习，如图 4-7 所示。

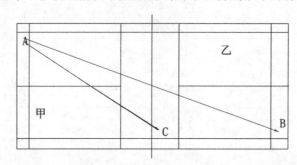

图 4-7　头顶斜线高、吊球

头顶直线高、吊球练习.mp4

头顶斜线高、吊球练习.mp4

3. 头顶直线高球、斜线吊球练习

甲站在左场区底线与边线附近位置 A 处，把球分别打到乙的右后场区底线位置 B 处和左前场区位置 C 处；乙将甲打过来的球分别从位置 B 处和 C 处还击到甲的左场区底线位置 A 处，让甲在基本不移动的情况下完成直线高球和斜线吊球的练习，如图 4-8 所示。

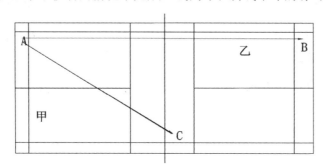

图 4-8　头顶直线高球、斜线吊球

4. 头顶斜线高球、直线吊球练习

甲站在左场区底线与边线附近位置 A 处，把球分别打到乙的左后场区底线位置 B 处和右前场区位置 C 处；乙将甲打过来的球分别从位置 B 处和 C 处还击到甲的左场区底线位置 A 处，让甲在基本不移动的情况下完成斜线高球和直线吊球的练习，如图 4-9 所示。

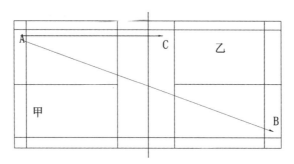

图 4-9　头顶斜线高球、直线吊球

头顶直线高球、斜线吊球练习.mp4　　头顶斜线高球、直线吊球练习.mp4

5. 头顶直线、斜线高、吊球练习

甲站在左场区底线与边线附近位置 A 处，把球分别打到乙的右后场区底线位置 B 处、左后场区底线位置 C 处、右前场区位置 D 处和左前场区位置 E 处；乙将甲打到各个不同位置落点的球还击到甲的左场区底线位置 A 处，让甲在基本不移动的情况下完成直线和斜线高球与直线和斜线吊球的练习，如图 4-10 所示。

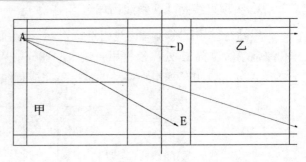

头顶直线、斜线高、吊球练习.mp4

图 4-10　头顶直线、斜线高、吊球

第二节　不固定高、吊球训练

1. 两点移动高吊左场区

甲在右场区底线与边线附近位置 A 处，用斜线高球把球打到乙的右后场区底线位置 C 处，用直线吊球把球吊到乙的左前场区位置 D 处，在左场区底线与边线附近位置 B 处，用直线高球把球打到乙的右后场区底线位置 C 处，用斜线吊球把球吊到乙的左前场区位置 D 处，乙则将甲击到位置 C 处和 D 处的球分别还击到甲的两个底线位置 A 处和 B 处，让甲在底线移动中对乙进行右场区高远球、左场区吊球的高吊练习。甲在每回击一次球后都应该适当地向球场中心位置回动，如图 4-11 所示。

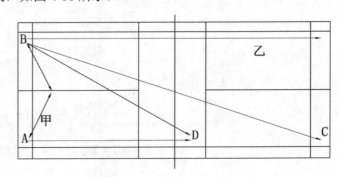

两点移动高吊左场区.mp4

图 4-11　两点移动高吊左场区

2. 两点移动高吊右场区

甲在左场区底线与边线附近位置 A 处，用斜线高球把球打到乙的左后场区底线位置 C 处，用直线吊球把球吊到乙的右前场区位置 D 处，在右场区底线与边线附近位置 B 处，用直线高球把球打到乙的左后场区底线位置 C 处，用斜线吊球把球吊到乙的右前场区位置 D 处；乙则将甲击到位置 C 处和 D 处的球分别还击到甲的两个底线位置 A 处和 B 处，让甲在底线移动中对乙的右场区进行高吊练习。甲在每回击一次球后都应该适当地向球场中心位置回动，如图 4-12 所示。

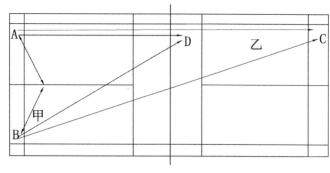

图 4-12 两点移动高吊右场区

3. 两点移动直线、斜线高吊右后场和右前场

甲不论是在右场区底线与边线附近位置 A 处，还是在左场区底线与边线附近位置 B 处，均将球打到乙的右后场区位置 C 或吊到右前场区位置 D 处；乙则将甲击到位置 C 处或 D 处的球分别还击到甲的两个底线位置 A 处和 B 处，让甲在底线移动中对乙的右后场区和右前场区进行直线、斜线高、吊球的练习。要求甲在每回击一次球后适当地向球场中心位置回动，如图 5-13 所示。

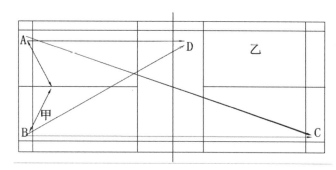

图 4-13 两点移动直线、斜线高吊右后场和右前场

4. 两点移动直线、斜线高吊左后场和左前场

甲不论是在右场区底线与边线附近位置 A 处，还是在左场区底线与边线附近位置 B 处，均将球打到乙的左后场区位置 C 处或吊到左前场区位置 D 处；乙则将甲击到位置 C 处或 D 处的球分别还击到甲的两个底线位置 A 处和 B 处，让甲在底线移动中对乙的左后场区和左前场区进行直线、斜线高、吊球的练习。要求甲在每回击一次球后适当地向球场中心位置回动，如图 4-14 所示。

5. 两点打四点

甲不论是在右场区底线与边线附近位置 A 处，还是在左场区底线与边线附近位置 B 处，可将球打到乙的左后场、左前场、右后场或右前场这 4 个区域中的任何一个点上，而乙只能将这些来球还击到甲的右场区底线位置 A 处或左场区底线位置 B 处中的任何一个点上，甲在底线移动中对全场进行直线和斜线高球与吊球的练习。

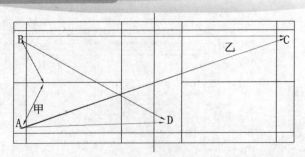

图 4-14　两点移动直线、斜线高吊左后场和左前场

两点移动直线、斜线高吊右后场和左前场.mp4

两点打四点.mp4

第三节　高杀球训练

1. 直线高球杀直线

(1)　乙把球发到甲的右后场位置 A 处，甲在位置 A 处用直线高球将乙发过来的球打到乙的左后场区位置 B 处，乙还击甲的后场直线高球到 A 处，甲杀直线球到位置 C 处，乙将甲杀过来的球挑到位置 A 处，甲再回直线后场高球到位置 B 处。如此重复，直到球落地为止，如图 4-15 所示。

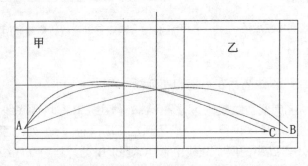

图 4-15　直线高球杀直线 1

直线高球杀直线(正手).mp4

直线高球杀直线(头顶).mp4

（2）乙把球发到甲的左后场位置 A 处。甲在位置 A 处用直线高球将乙发过来的球打到乙的右后场区位置 B 处，乙还击甲的后场直线高球到 A 处，甲杀直线球到位置 C 处，乙将甲杀过来的球挑到位置 A 处，甲再回直线后场高球到位置 B 处。如此重复，直到球落地为止，如图 4-16 所示。

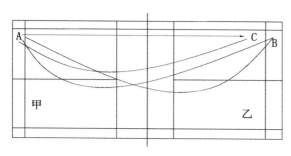

图 4-16　直线高球杀直线 2

2. 直线高球杀斜线

（1）乙把球发到甲的右后场位置 A 处。甲在位置 A 处用直线高球将乙发过来的球打到乙的左后场区位置 B 处，乙还击甲的后场直线高球到 A 处，甲杀斜线球到位置 C 处，乙将甲杀过来的球挑到位置 A 处，甲再回直线后场高球到位置 B 处。如此重复，直到球落地为止，如图 4-17 所示。

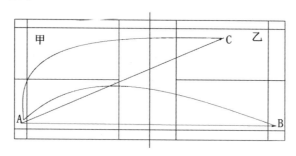

图 4-17　直线高球杀斜线 1

（2）乙把球发到甲的左后场位置 A 处。甲在位置 A 处用直线高球将乙发过来的球打到乙的右后场区位置 B 处，乙还击甲的后场直线高球到 A 处，甲杀斜线球到位置 C 处，乙将甲杀过来的球挑到位置 A 处，甲再回直线后场高球到位置 B 处。如此重复，直到球落地为止，如图 4-18 所示。

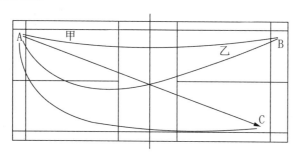

图 4-18　直线高球杀斜线 2

直线高球杀斜线(正手).mp4　　　　　直线高球杀斜线(头顶).mp4

3. 斜线高球杀直线

(1) 乙把球发到甲的右后场位置 A 处。甲在位置 A 处用斜线高球将乙发过来的球打到乙的右后场区位置 B 处，乙还击甲的后场斜线高球到 A 处，甲杀直线球到位置 C 处，乙将甲杀过来的球挑到位置 A 处，甲再回斜线后场高球到位置 B 处。如此重复，直到球落地为止，如图 4-19 所示。

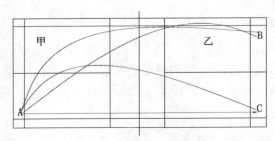

图 4-19　斜线高球杀直线 1

(2) 乙把球发到甲的左后场位置 A 处。甲在位置 A 处用斜线高球将乙发过来的球打到乙的左后场区位置 B 处，乙还击甲的后场斜线高球到 A 处，甲杀直线球到位置 C 处，乙将甲杀过来的球挑到位置 A 处，甲再回斜线后场高球到位置 B 处。如此重复，直到球落地为止，如图 4-20 所示。

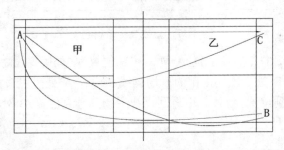

图 4-20　斜线高球杀直线 2

斜线高球杀直线(正手).mp4　　　　　斜线高球杀直线(头顶).mp4

4. 斜线高球杀斜线

（1）乙把球发到甲的右后场位置 A 处。甲在位置 A 处用斜线高球将乙发过来的球打到乙的右后场区位置 B 处，乙还击甲的后场斜线高球到 A 处，甲杀斜线球到位置 C 处，乙将甲杀过来的球挑到位置 A 处，甲再回斜线后场高球到位置 B 处。如此重复，直到球落地为止，如图 4-21 所示。

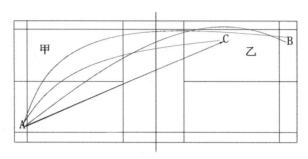

图 4-21　斜线高球杀斜线 1

（2）乙把球发到甲的左后场位置 A 处。甲在位置 A 处用斜线高球将乙发过来的球打到乙的左后场区位置 B 处，乙还击甲的后场斜线高球到 A 处，甲杀斜线球到位置 C 处，乙将甲杀过来的球挑到位置 A 处，甲再回斜线后场高球到位置 B 处。如此重复，直到球落地为止，如图 4-22 所示。

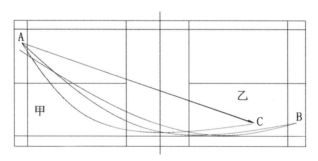

图 4-22　斜线高球杀斜线 2

斜线高球杀斜线(正手).mp4

斜线高球杀斜线(头顶).mp4

第四节　吊杀球训练

1. 吊直线杀直线

（1）乙把球发到甲的右后场位置 A 处。甲将球吊到乙的左前场位置 C 处，乙把 C 点位置的球挑到甲的后场位置 A 处，甲杀直线球到乙的左场区位置 B 处，乙再把球挑至位置 A 处。如此重复，直到球落地为止，如图 4-23 所示。

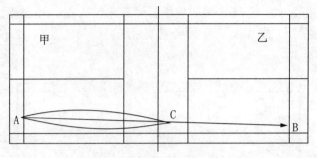

图 4-23　吊直线杀直线 1

(2) 乙把球发到甲的左后场位置 A 处。甲将球吊到乙的右前场位置 C 处，乙把 C 点位置的球挑到甲的后场位置 A 处，甲杀直线球到乙的右场区位置 B 处，乙再把球挑至位置 A 处。如此重复，直到球落地为止，如图 5-24 所示。

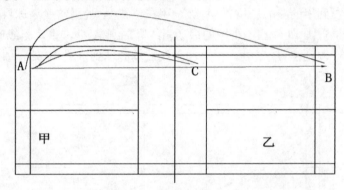

图 4-24　吊直线杀直线 2

吊直线杀直线(正手).mp4　　　　　　吊直线杀直线(头顶).mp4

2. 吊直线杀斜线

(1) 乙把球发到甲的右后场位置 A 处。甲将球吊到乙的左前场位置 C 处，乙把 C 点位置的球挑到甲的后场位置 A 处，甲杀斜线球到乙的右场区位置 B 处，乙再把球挑至位置 A 处。如此重复，直到球落地为止，如图 4-25 所示。

(2) 乙把球发到甲的左后场位置 A 处。甲将球吊到乙的右前场位置 C 处，乙把 C 点位置的球挑到甲的后场位置 A 处，甲杀斜线球到乙的左场区位置 B 处，乙再把球挑至位置 A 处。如此重复，直到球落地为止，如图 4-26 所示。

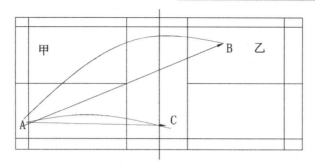

图 4-25 吊直线杀斜线 1

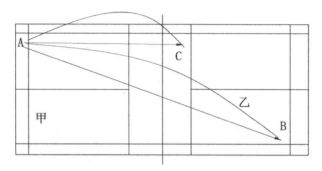

图 4-26 吊直线杀斜线 2

吊直线杀斜线(正手).mp4

吊直线杀斜线(头顶).mp4

3. 吊斜线杀直线

(1) 乙把球发到甲的右后场位置 A 处。甲将球吊到乙的右前场位置 C 处，乙把 C 点位置的球挑到甲的后场位置 A 处，甲杀直线球到乙的左场区位置 B 处，乙再把球挑至位置 A 处。如此重复，直到球落地为止，如图 4-27 所示。

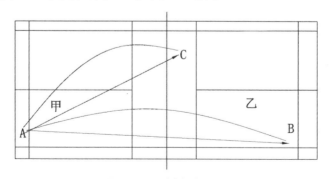

图 4-27 吊斜线杀直线 1

(2) 乙把球发到甲的左后场位置 A 处。甲将球吊到乙的左前场位置 C 处，乙把 C 点位置的球挑到甲的后场位置 A 处，甲杀直线球到乙的右场区位置 B 处，乙再把球挑至位置 A 处。如此重复，直到球落地为止，如图 4-28 所示。

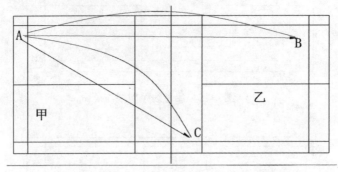

图 4-28　吊斜线杀直线 2

吊斜线杀直线(正手).mp4

吊斜线杀直线(头顶).mp4

4. 吊斜线杀斜线

(1) 乙把球发到甲的右后场位置 A 处。甲将球吊到乙的右前场位置 C 处，乙把 C 点位置的球挑到甲的后场位置 A 处，甲杀斜线球到乙的右场区位置 B 处，乙再把球挑至位置 A 处。如此重复，直到球落地为止，如图 4-29 所示。

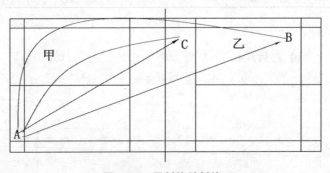

图 4-29　吊斜线杀斜线 1

(2) 乙把球发到甲的左后场位置 A 处。甲将球吊到乙的左前场位置 C 处，乙把 C 点位置的球挑到甲的后场位置 A 处，甲杀斜线球到乙的左场区位置 B 处，乙再把球挑至位置 A 处。如此重复，直到球落地为止，如图 4-30 所示。

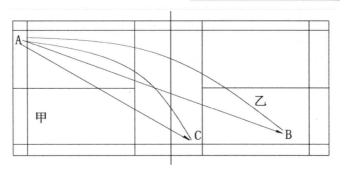

图 4-30 吊斜线杀斜线 2

吊斜线杀斜线(正手).mp4　　　　吊斜线杀斜线(头顶).mp4

第五节 杀上网训练

一、固定杀上网练习

1. 直线高球杀直线上网

(1) 甲站在右场区底线与边线附近位置 A 处，乙从左场区发后场高球到甲的右场区位置 A 处，甲在 A 处进行直线后场高球 B 和杀直线球 C 的练习，乙则将甲的直线后场高球 B 回击到甲的右后场底线位置 A 处，将甲杀过来的直线球 C 还击到甲的网前位置 D 处，甲从后场上网到网前位置 D 处将球搓到乙的左前场网前位置 E 处，乙在位置 E 将来球用直线高球挑回到甲的右后场底线 A 处，让甲再进行还击。如此重复，直到球落地为止，如图 4-31 所示。

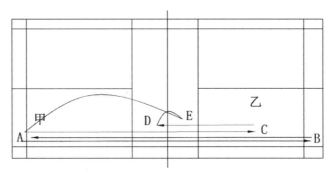

图 4-31 直线高球杀直线上网 1

(2) 甲站在左场区底线与边线附近位置 A 处，乙从右场区发后场高球到甲的左场区位置 A 处。甲在 A 处进行直线后场高球 B 和杀直线球 C 的练习，乙则将甲的直线后场高球 B 回击到甲的左后场底线位置 A 处，将甲杀过来的直线球 C 还击到甲的网前位置 D 处，甲从后场上网到网前位置 D 处将球搓到位置 E 处，乙在位置 E 处用直线高球挑回到甲的左后场底线 A 处，让甲再进行还击。如此重复，直到球落地为止，如图 4-32 所示。

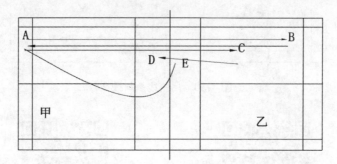

图 4-32　直线高球杀直线上网 2

直线高球杀直线上网(正手).mp4

直线高球杀直线上网(头顶).mp4

2. 直线高球杀斜线上网

(1) 甲站在右场区底线与边线附近位置 A 处进行直线高球 B 和斜线杀球 C 的练习，乙从 B 处直接将球打到甲的右后场底线位置 A 处，乙在 C 处把甲杀来的球用直线球还击到甲的网前位置 D 处，甲上网到网前位置 D 处将球搓到乙的网前位置 E 处，再由乙从位置 E 将球挑到甲的右场区底线位置 A 处，甲要多次练习。如此重复，直到球落地为止，如图 4-33 所示。

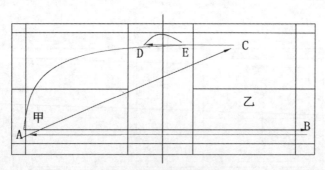

图 4-33　直线高球杀斜线上网 1

(2) 甲站在左场区底线与边线附近位置 A 处进行直线高球 B 和斜线杀球 C 的练习，乙从 B 处直接将球打到甲的左后场底线位置 A 处，乙在 C 处把甲杀来的斜线球用直线球还击到甲的网前位置 D 处，甲上网到网前位置 D 处将球搓到乙的网前位置 E 处，再由乙从位置 E 将球挑到甲的左场区底线位置 A 处，甲要多次练习。如此重复，直到球落地为止，如图 4-34 所示。

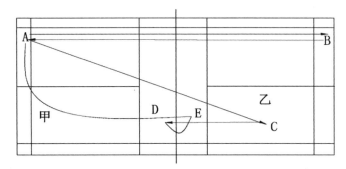

图 4-34 直线高球杀斜线上网 2

直线高球杀斜线上网(正手).mp4

直线高球杀斜线上网(头顶).mp4

3. 斜线高球杀直线上网

(1) 甲站在右场区底线与边线附近位置 A 处进行斜线高球 B 和直线杀球 C 的练习，乙将甲打到 B 处的高球还击到 A 处，将甲杀到位置 C 处的球还击到甲的右前场区位置 D 处，甲上网到网前位置 D 处，将球搓或放到乙的左前场位置 E 处，乙在位置 E 处用直线高球挑回到甲的后场位置 A 处，让甲进行重复练习，直到球落地为止，如图 4-35 所示。

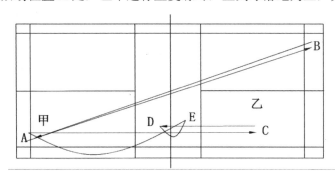

图 4-35 斜线高球杀直线上网 1

(2) 甲站在左场区底线与边线附近位置 A 处进行斜线高球 B 和直线杀球 C 的练习，乙将甲打到 B 处的高球还击到 A 处，将甲杀到位置 C 处的球还击到甲的左前场区位置 D 处，甲上网到网前位置 D 处，将球搓或放到乙的右前场位置 E 处，乙在位置 E 处用直线高球挑回到甲的后场位置 A 处，甲要多次练习。如此重复，直到球落地为止，如图 4-36 所示。

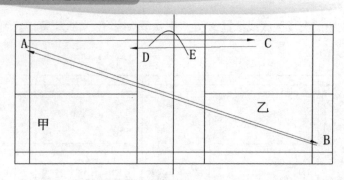

图 4-36　斜线高球杀直线上网 2

斜线高球杀直线上网(正手).mp4　　　　　斜线高球杀直线上网(头顶).mp4

4. 斜线高球杀斜线上网

(1) 甲站在右场区底线与边线附近位置 A 处进行斜线高球 B 和斜线杀球 C 的练习，乙将甲打到位置 B 处的高球还击到 A 处，将甲杀到位置 C 处的球还击到甲的左前场位置 D 处，甲上网到网前位置 D 处，将球搓或放到乙的右前场位置 E 处，乙在位置 E 处用斜线高球挑回到甲的后场位置 A 处，让甲多次练习。如此重复，直到球落地为止，如图 4-37 所示。

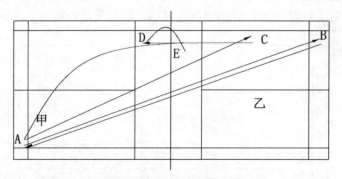

图 4-37　斜线高球杀斜线上网 1

(2) 甲站在左场区底线与边线附近位置 A 处进行斜线高球 B 和斜线杀球 C 的练习，乙将甲打到位置 B 处的高球还击到位置 A 处，将甲杀到位置 C 处的球还击到甲的右前场区位置 D 处，甲上网到网前位置 D 处，将球搓或放到乙的左前场位置 E 处，乙在位置 E 处用斜线高球挑回到甲的后场位置 A 处，让甲进行重复练习，直到球落地为止，如图 4-38 所示。

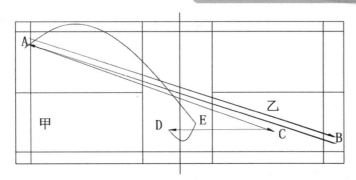

图 4-38　斜线高球杀斜线上网 2

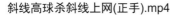

斜线高球杀斜线上网(正手).mp4

斜线高球杀斜线上网(头顶).mp4

二、半固定或不固定杀上网练习

1. 两点移动高、杀上网

甲在后场底线与边线附近位置 A 或 B 处，把球打到乙的左后场区域位置 C 处和杀到乙的右场区边线位置 D 处，乙在位置 C 处将甲打到左后场区的高球任意还击到甲的两个位置 A 或 B 处，在位置 D 处上接杀勾对角线，将甲杀到位置 D 处的球勾到甲的右前场区 E 处，甲上网到网前位置 E 处，将球搓或放到乙的左前场位置 F 处，乙在 F 处任意将球击到甲的两底角位置 A 或 B 处，让甲在位置 A、B 处进行移动中的还击。要求甲每击完一次球后须向球场中心位置回动，如图 4-39 所示。

两点移动高、杀上网.mp4

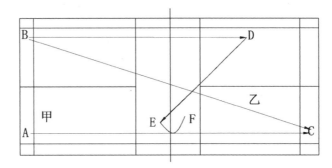

图 4-39　两点移动高、杀上网

2. 半固定高、杀上网

甲发后场高远球。乙在后场还击斜线后场高球 1；甲回直线后场高球 2，乙重复直线后场高球 3，甲杀斜线 4，乙接杀挡网前 5，甲上网搓球 6，乙在网前挑直线后场高球 7，甲还击直线高球 8，乙重复直线后场高球 9，甲杀斜线球 10，乙在右场区重复左场区第 5、6、7 拍的球路，将球击回到甲的左后场区底线位置。甲重复第 2 拍以后的球路，反复练习，如图 4-40 所示。

半固定高、杀上网.mp4

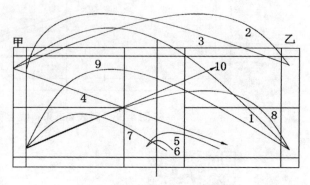

图 4-40 半固定高、杀上网

3. 高杀对接高杀

甲为主练，只能使用高球或杀球来进攻，主要练习高杀进攻；乙为陪练，主要练习接高杀的全场防守。主练在后场任意打高球或平高球，但不得连续超过三拍就得杀球。对陪练来说，如果主练打高球，陪练也得还击高球，如果主练杀球，陪练在接杀球时，可选择接杀挡直线网前或接杀勾对角线网前，这时主练应迅速上网，然后回放陪练网前球，陪练在网前挑后场高球。如此重复练习，直到球落地为止。

4. 高杀对高杀

全场练习，除后场吊球外的其他技术均可运用。

高杀对高杀.mp4

第六节 吊上网训练

一、固定吊上网练习

1. 直线吊上网练习

(1) 甲在正手底线位置 A 处站立，把乙发到位置 A 处的球吊到乙的左前场区域位置 B 处，乙在网前位置 B 处将球放到甲的右前场区域位置 C 处，甲从后场上网，将 C 处位置上的来球搓回到乙的左前场位置 B 处，乙把甲搓过来的球挑到甲的正手后场底线位置 A 处。甲继续重复直线吊上网练习，直到球落地为止，如图 4-41 所示。

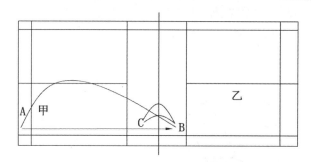

图 4-41　直线吊上网 1

（2）甲在反手底线位置 A 处站立，把乙发到位置 A 处的球吊到乙的右前场区域位置 B 处，乙在网前位置 B 处将球放到甲的左前场区域位置 C 处，甲从后场上网，将 C 处位置上的来球搓回到乙的右前场位置 B 处，乙把甲搓过来的球挑到甲的反手后场底线位置 A 处。甲继续重复直线吊球上网练习，直到球落地为止，如图 4-42 所示。

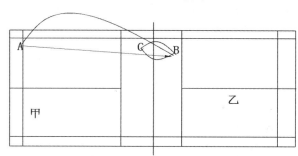

图 4-42　直线吊上网 2

（3）甲在正手底线位置 A 处站立，把乙发到位置 A 处的球击后场高球到乙的左后场区域位置 B 处，乙在位置 B 处将球击到位置 A 处，甲在位置 A 处将来球吊到乙的左前场区域位置 C 处；乙在网前位置 C 处将球放到甲的右前场区域位置 D 处，甲从后场上网，将 D 处位置上的来球搓回到乙的左前场位置 C 处，乙把甲搓过来的球挑到甲的正手后场底线位置 A 处。甲继续重复直线吊球上网练习，直到球落地为止，如图 4-43 所示。

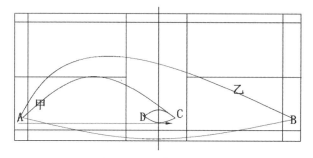

图 4-43　直线吊上网 3

2. 斜线吊上网练习

（1）甲在正手底线位置 A 处站立，把乙发到 A 处的球吊到乙的右前场位置 B 处，乙在位置 B 处将球回放到甲的网前位置 C 处，甲从后场上网，把乙放的网前的球搓或放回到乙的前场位置 D 处，乙在网前位置 D 处将球挑回到甲的后场位置 A 处。如此重复，直到球落地为止，如图 4-44 所示。

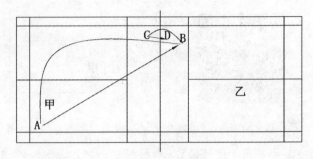

斜线吊上网练习 1.mp4

图 4-44　斜线吊上网 1

(2) 甲在反手底线位置 A 处站立，把乙发到位置 A 处的球吊到乙的左前场位置 B 处，乙在位置 B 处将球回放到甲的网前位置 C 处，甲从后场上网，把乙放的网前球搓或放到乙的网前位置 D 处，乙在网前位置 D 处将球挑回到甲的后场位置 A 处。如此重复，直到球落地为止，如图 4-45 所示。

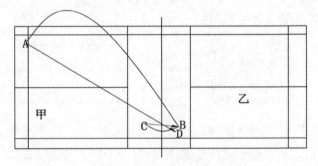

斜线吊上网练习 2.mp4

图 4-45　斜线吊上网 2

(3) 甲在正手底线位置 A 处站立，把乙发到位置 A 处的球吊到乙的右前场位置 B 处，乙在位置 B 处将球回放到甲的网前位置 C 处，甲从后场上网把乙放的网前球推到乙的左后场位置 D 处，乙在 D 处将球还击到甲的后场位置 A 处。如此重复，直到球落地为止，如图 4-46 所示。

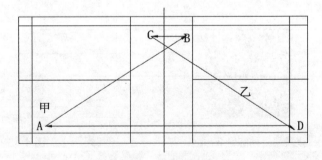

斜线吊上网练习 3.mp4

图 4-46　斜线吊上网 3

(4) 甲在反手底线位置 A 处站立，把乙发到位置 A 处的球吊到乙的左前场位置 B 处，乙在位置 B 处将球回放到甲的网前位置 C 处，甲从后场上网把乙放的网前球推到乙的右后场位置 D 处，乙在位置 D 处将球还击到甲的后场位置 A 处。如此重复，直到球落地为止，如图 4-47 所示。

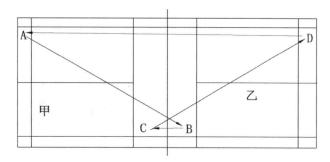

斜线吊上网练习 4.mp4

图 4-47　斜线吊上网 4

二、半固定吊上网练习

（1）　甲在后场底线位置 A 处或 B 处把球分别吊到乙的网前两角位置 C 处或 D 处，乙上网把甲吊过来的球从位置 C 处或 D 处任意回放到甲的前场位置 E 处或 F 处，甲从后场上网用搓或勾球的手法把球放到乙的网前 C 处或 D 处，乙再将甲搓或勾过来的球分别从位置 C 处或 D 处挑到甲的后场位置 A 处或 B 处，让甲在全场移动中进行吊上网的重复练习，如图 4-48 所示。

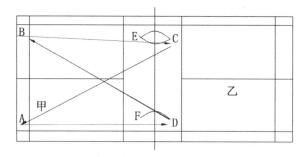

半固定吊上网练习 1.mp4

图 4-48　半固定吊上网 1

（2）　甲在位置 A 处将球吊到乙的前场区域位置 B 处，乙从球场中心位置上网将位置 B 处的来球回放到位置 C 处，甲从位置 A 处上网，在位置 C 处勾斜线球到位置 D 处，乙在位置 D 处挑斜线后场高球到位置 A 处。如此循环，直到球落地为止，如图 4-49 所示。

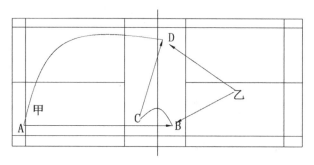

半固定吊上网练习 2.mp4

图 4-49　半固定吊上网 2

（3）甲在后场底线处把球吊到乙的场区的任何位置，乙将甲吊过来的球回放到网前，甲上网后进行搓或推球，乙把甲搓或推过来的球还击到甲的底线处，甲再进行吊球。如此循环，直到球落地为止。

半固定吊上网练习 3.mp4

（4）甲在后场底线位置 A 处吊直线球到位置 B 处，乙在位置 B 处回放网前球，甲上网到位置 C 处搓网前球，乙在位置 D 处回搓网前球到位置 C 处，甲在位置 C 处把球挑到乙的后场底线位置 E 处，乙在后场进行吊网前球，甲回放乙的网前球，乙上网搓球。如此循环，直到球落地为止。甲、乙两人进行同一球路内容的练习，如图 4-50 所示。

半固定吊上网练习 4.mp4

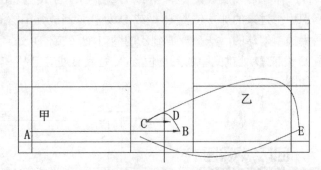

图 4-50　半固定吊上网 3

（5）乙在球网右侧的左发球区发后场高远球 1 到甲的左后场区。甲还击直线后场高球 2，乙在右侧后场吊直线网前球 3，甲从左后场上网放网前球 4，乙从右侧后场上网搓网前球 5，甲在网前挑斜线后场高球到甲的左后场区 6，乙回击直线后场高球 7，甲在右侧后场吊直线网前球 8，乙从左侧后场上网放网前球 9，甲从右侧后场上网搓网前球 10，乙在网前挑斜线后场高球到甲的左后场区 11，甲在左后场区回直线后场高球 2，乙在右侧后场吊直线网前球 3。如此重复，直到球落地为止，如图 4-51 所示。

半固定吊上网练习 5.mp4

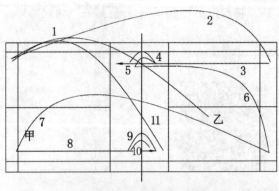

图 4-51　半固定吊上网 4

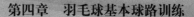

（6）乙在球网右侧的左发球区发后场高远球 1 到甲的左后场区。甲还击直线后场高球 2，乙在右侧后场吊斜线网前球 3，甲从左后场上网放网前球 4，乙从右侧后场上网搓网前球 5，甲在网前挑直线后场高球 6 到乙的左后场区，乙回击直线后场高球 7，甲在右侧后场吊斜线网前球 8，乙从左侧后场上网放网前球 9，甲从右侧后场上网搓直线网前球 10，乙在网前挑直线后场高球到甲的左后场区 11，甲在左后场区回直线后场高球 2，乙在右侧后场吊斜线网前球 3。如此重复，直到球落地为止，如图 4-52 所示。

半固定吊上网练习 6.mp4

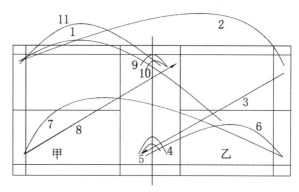

图 4-52　半固定吊上网 5

第五章　羽毛球游戏

第一节　热身活动的游戏

一、节奏跑

1. 练习方法

(1)　按照"右(脚)、右(脚)、左(脚)"的顺序，有节奏地做跑步练习。

(2)　按照"左、左、右"的顺序，有节奏地做跑步练习。

2. 变换练习

(1)　按照"右、右、右、左、左"或者"右、右、左、左"的顺序，改变节奏进行练习。

(2)　按照基本节奏，背部朝向运动方向做后退跑练习。

要点：增强节奏感是非常重要的练习内容。在基本练习掌握得比较扎实之后，应指导学员进一步变换训练内容，增加难度。

二、促进协调垫步跳

1. 练习方法

(1)　领操者发出"向前""向右"的口令。

(2)　根据领操者的指示，做向前、后、左、右等行进间的垫步跳。

2. 变换练习

(1)　练习中加入击掌的动作。

(2)　做垫步跳时，在抬起的一条腿的下方击掌。

要点：做示范时，动作幅度宜大，让学员看清楚，这一点十分重要。向后方做动作时，年龄小的孩子可能感觉困难，指导时注意区分不同的年龄段。

三、手脚配合石头、剪刀、布

1. 练习方法

(1) 原地前伸双臂，喊出"石头、布"口令，然后双手握拳(石头)或变掌(布)。配合手的节奏，同时双脚做出相应动作。双手握拳时，两脚做"布"的动作(两脚分立)

(2) 接下来，双手变掌时，两脚做"石头"的动作(两脚合拢)。此动作交替进行。

2. 变换练习

(1) 双手变掌(布)，向身体两侧上方举起；双手握拳(石头)，垂放于身体两侧。练习中，加大手脚的动作幅度。

(2) 双脚做"剪刀"动作(双脚前后分开)。手脚的动作不能一致，按"石头、剪刀、布"的顺序依次进行。

要点：因为上肢和下肢采用不同的动作，可以培养手脚配合的连接能力。手脚动作不得盲从，偏向一侧，要有意识地控制手脚动作的协调。

四、节奏跳跃

1. 练习方法

(1) 两人一组，面对面站立，其中一个人坐在地板上，伸直双腿。另一人双脚起跳，在同伴腿的左右两侧连续跳跃。

(2) 接下来，席地而坐的一方做分腿并腿的动作。跳动的一方做相反动作与其配合。席地而坐的一方双腿打开时，跳动一方双腿并拢。

2. 变换练习

(1) 席地而坐的一方双腿并拢时，跳动一方按右侧跳两次、左侧跳两次的节拍完成练习。

(2) 一方双腿分开坐定，另一方由左侧单腿跨过，跟步到中间位置。再以同样的方式单腿跨到右侧，跟步。

要点：不应局限于某一固定的节拍，通过相互之间动作的配合，培养反应能力。踩到脚容易受伤，成人不适宜做这种练习。

五、随机应变

1. 练习方法

(1) 两脚开立与肩同宽，腿部微下蹲，原地连续踏步。

(2) 听领操者的口令做动作。当领操者发出"向右"的口令时，即将身体转向右侧。当听到"向左"的口令时，即将身体转向左侧。听到"向上"的口令时，举起双手向上跳。听到"向下"的口令时，双手触地。没有听到任何口令时，总是重复(1)的动作。

2. 变换练习

(1) 增加弯腰向下、臀部上翘、原地转身一周的练习。

(2) 将动作幅度加大进行练习。

要点：本练习中，口令的发出时机非常关键。口令发出不及时，学员不能正确地做出反应。

六、跷跷板

1. 练习方法

(1) 3 人一组，一人直立中央，两人位于其前后两侧面对面站立。中央直立者像一根柱子那样挺直身体。

(2) 位于中央直立者身后的一方轻推其背部。

(3) 位于前方者支撑住其身体，并将其轻轻推回。

(4) 中央直立者被推时，脚步不得移动。被推向前时，使用脚尖站立；被推向后方时，将身体重心移至脚跟。

2. 变换练习

(1) 中央一人横向站立，另外两人由其左右两侧轻推进行练习。

(2) 中央一人单腿站立进行练习。

要点：分组时，应充分考虑中央一人与两端两人的体格差异，不能太悬殊。指导时，注意提醒学员感受身体重心的移动。

第二节 带球游戏的练习

一、身前身后接球

1. 练习方法

(1) 将球置于背后，呈背球姿势，一只手执球。

(2) 将球向上抛起，越过头顶，落向自己身体的前方，然后用手在身前接住球。

(3) 接下来，由身前向背后掷球，在身后接住球。

(4) 换另一只手完成相同的动作。

2. 变换练习

(1) 适当移动身体，在行进间完成此动作。

(2) 尝试用手掷球，用球拍练习接球。

要点：注意提醒那些接不住球的学员，争取在球下落时先触到球。

二、狂轰滥炸

1. 练习方法

(1) 先将球网拆除。场上 6 人每 3 人一组，分为两组。

(2) 领操者站于场外，发出"开始"口令后，将多个羽毛球投进场地中央。

(3) 场地内的 6 人拾起自己一侧场地内的球，掷到对方场地内。

(4) 当领操者下达"停"的口令时，双方停止掷球，并计算留在各自场地内球的数量，数量较多的一方为负方。

2. 变换练习

(1) 增加场地内羽毛球或场上队员的数量，继续进行练习。

(2) 装上球网进行练习。向对方场地掷球时，要全力以赴。

要点：开始训练时，羽毛球的数量可以比场上队员多 1~2 个，随后逐渐增加羽毛球的数量，循序渐进，了解这一点对提高训练效果十分关键。

三、执桶接球

1. 练习方法

(1) 两人一组，一人用球拍发球，另一人执羽毛球桶准备接球。

(2) 用羽毛球桶将同伴发过来的球接住，让球进入桶中。

2. 变换练习

(1) 尝试用另一只手执桶接球。

(2) 开始时可以大打弧度的高吊球，然后，逐渐打一些平直的快球增加难度。

要点：让球桶对准来球是练习的目的。指导时要强调正确移动。

四、画圈接球

1. 练习方法

(1) 将球向头上方抛起，球下落到面前时，用右手绕球画圆圈一周，然后将球接住。

(2) 接下来，如前动作，用手向相反的方向画圆，然后接球。

(3) 换另一只手继续做练习。

2. 变换练习

(1) 将每次抛球时手画圆的次数逐步增加为 2 次、3 次。

(2) 在每次羽毛球下落过程中，先用右手画一圈，再用左手画一圈。

要点：接住羽毛球不是本练习的目的，目的是体会球在空中的感觉。指导学员用手在球周围完整地画圆。

五、散弹接球

1. 练习方法

(1) 两人一组，一人站在边线位置(单打边线)，另一人站在中线位置，两人面对面位置站立。

(2) 站在边线位置者，瞄准同伴的身体掷球。

(3) 另一方用手接住飞来的球。先用自己习惯握拍的那只手接球，然后再用另一只手练习接球。

2. 变换练习

(1) 缩短两人相隔的距离进行练习。

(2) 将用手接球，变为用手将飞来的羽毛球击落在地。

要点：投掷方先将羽毛球慢慢投向同伴，对手熟练之后，逐渐加快投掷速度。

六、指尖旋拍

1. 练习方法

(1) 将球拍竖起，用手轻握拍柄杆中间位置，用指尖迅速捻转球拍。

(2) 换另一只手完成相同的动作。

2. 变换练习

(1) 双脚踏步完成上述动作。

(2) 尝试改变握拍的位置进行练习。

要点：为了不使心爱的球拍受到损坏，起初可在垫子上进行练习。如果单手练习感觉困难，可将球拍横卧，用双手捻转，这样做能够很快掌握转拍动作的诀窍。

七、正反手颠球

1. 练习方法

(1) 先用正手击球至头部上方。

(2) 球落下来时，使用反手颠球。调整好节奏连续进行。

(3) 换另一只手进行练习。

2. 变换练习

(1) 边移动身体，边做此练习。

(2) 结合转身、跳起、踏步等步法进行练习。

要点：注意提醒学员，如果正手与反手的转换较为困难时，开始可以先单独练正手或单独练反手。

八、球不落地

1. 练习方法

(1) 将羽毛球置于拍面上。

(2) 利用手腕部的变化，由正手握拍变为反手握拍。务必保持平衡，不使球落到地面。

2. 变换练习

(1) 换另一只手练习。

(2) 准备两只球拍，双手握拍同时做此练习。

要点：开始时可先将羽毛球置于拍面上，做行走练习，逐渐培养平衡的感觉，不使球落到地上。

九、边线对打

1. 练习方法

(1) 两人一组，面对面站于边线上。

(2) 在没有球网相隔的情况下，练习相互击球。

2. 变换练习

(1) 以双膝跪地姿势进行对打练习。

(2) 用正手或反手进行对打练习。

要点：首先学会连续对打，增加回数，然后告诉学员"连续对打 10 个回合"确定目标值。

十、趣味对打

1. 练习方法

(1) 两人一组，分别面对面站于边线上。

(2) 分别以身前、身后、裆下等击球方式进行对打练习。

2. 变换练习

(1) 在球网上悬挂毛巾等物，限制练习者的视野，隔网练习对打。

(2) 安排对手进行对打。

要点：开始时，不要安排学员任意以身前、身后、裆下等击球方式进行对打。应先安排身前对打，然后安排身后对打，强调接球质量，循序渐进，有计划地进行。

十一、双球对练

1. 练习方法

(1) 两人各执一球，隔网面对面站立。

(2) 练习同时使用两只羽毛球对打。最初练习时不要着急，慢慢适应。

2. 变换练习

(1) 提高练习时击球的速度，完成练习。

(2) 在一场地安排 4 人进行对练。使用 4 只羽毛球，先练习直线球，再练习斜线球，形式多样完成对练，

要点：不分胜负。要和对手的节奏吻合，重要的是进行不间断的练习。附加节奏性的声音提示，使对打的训练持续进行。

十二、单人拉力

1. 练习方法

(1) 向对面场地击球。

(2) 在球未落地之前，迅速跑动，由网下钻过，在对面场地上将羽毛球接住。

2. 变换练习

(1) 跑到对面场地后不接球，而直接将球击回。

(2) 在球网相隔的场地两侧，各放置一只球拍，击球后由网下穿过，拾起对面场地上的球拍将球击回。

要点：先进行一次往返练习，注意使动作、技术扎实，基础稳定。

十三、二人三足

1. 练习方法

两人绑着一脚来回走(自备绳)踩气球：每人脚上绑上气球、游戏是要踩别人的气球，谁能将气球保持到最后谁就赢。

2. 变换练习

可以变换为 4 个人或者 5 个人一起进行。

要点：注意比赛时不要将绳子系得太紧，用粗的棉绳将两人绑在一起。

十四、追羽毛球加速跑

1. 练习方法

学员分成人数相等的几个小组，每小组由一名学员负责掷羽毛球，其他学员站成一路纵队。掷球者喊"预备"，纵队排头学员做好站立式起跑姿势，掷球者喊"跑"的同时，用力将羽毛球向前上方掷出。在羽毛球被掷出瞬间，起跑者立即以最快的速度向前跑出，争取将羽毛球接住。依次进行练习，各小组学员要轮流掷球。

2. 变换练习

两人一组，一人掷羽毛球，一人快速向前跑争取将球接住。交换练习。

要点：掷球者不得往下掷球；起跑者不得抢跑。

第三节 击 球 练 习

一、双人发球练回球

1. 练习方法

(1) 3 人一组，其中两人负责发球。发球两人事先确定谁先发球。

(2) 接发球方的一人事先不知道对面两人谁先发球。对方发球时将球击回。

2. 变换练习

加大击球者两人的间距，再将发球增加至 3 人进行练习。

要点：开始发容易接到的球，逐渐加大难度。发球的种类应该多样。

二、跳起转身击球

1. 练习方法

(1) 两人一组，一人负责发球。回球者背对发球者站立。

(2) 接下来，回球方跳起转身面向发球者，做好击球准备。

(3) 发球者对对手跳起转身时，将球击回，回球方迅速反应，将球击回。

2. 变换练习

面向发球者站立，跳起空中转身 360°回球。不仅练习向右跳起转身，也应该练习向左跳起转身，注意均衡练习；回球方跳起转身，身体仍在空中时，发球者开始击球。

要点：本练习旨在通过身体的旋转动作，着重培养学员的平衡能力。

三、网上插球

1. 练习方法

(1) 两人一组，隔网相对站立于中线位置。手持羽毛球，使球托部分朝上，羽根朝下。听到"开始"口令后，先将羽毛球挂在左侧边线上方球网上沿儿。移动过程中注意使用侧滑步。

(2) 接下来，移动右侧边线，将羽毛球插在边线上方球网上沿儿。左右侧交替完成练习。

2. 变换练习

交换步法进行练习；用双手各执一球，使用双球进行练习。

要点：感觉完成练习困难时，可不在边线上插球，缩短移动距离，或采用跑步形式完成。

四、夺球比赛

1. 练习方法

(1) 使用半个羽毛球场地做练习。4 人一组，采取比赛形式。在半场的 4 个角上，放置 4 只羽毛球拍，将球网两端下方各放置一只。再将 7 只羽毛球全部集中在半场场地中央，将羽毛球倒置于地板上。

(2) 4 人分别站在球拍所在位置，听到"开始"口令后，迅速取回羽毛球放在自己所在位置的羽毛球拍上。最初场地中央取球，随后可到其他三人处取球。一次只能取一只羽毛球，球拍上先放三只羽毛球的一方获胜。

2. 变换练习

取球时，仅使用惯用的那只手，或使用另外那只手；用球拍去取场地中央的羽毛球。

要点：本练习的目的是通过有球的游戏，熟悉场地的大小。

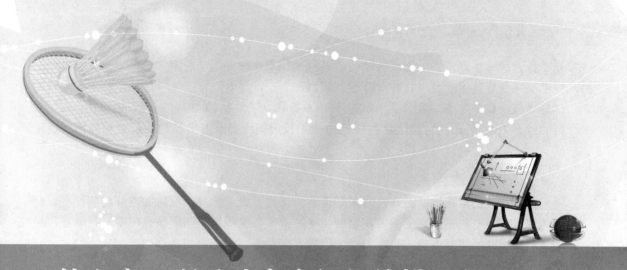

第六章 羽毛球竞赛组织编排及裁判法

第一节 羽毛球竞赛项目与竞赛方法

一、竞赛项目

羽毛球运动的竞赛项目可分为单项赛和团体赛两大类。在一次比赛中，还可以按年龄分项目组、以专业和业余分项目竞赛。

(一)单项赛项目

单项赛包括男子单打、女子单打、男子双打、女子双打和混合双打 5 个项目。

(二)团体赛项目

团体赛有男子团体、女子团体和男女混合团体 3 个项目。一场羽毛球团体赛由数场比赛组成，常用的比赛赛制有以下几种。

1. 三场制

每场团体赛由两场单打和一场双打组成，比赛场序可以是单、单、双，或者是单、双、单。每队每名运动员在一场团体赛中只能出场一次单打，双打的运动员可以由单打运动员兼项，也可以规定必须由其他运动员出场。三场制的团体比赛一般是在基层比赛中采用，因为要求每队的人数较少，容易吸引较多的队参加。有时为了避免一个队只依靠一名技术水平高的运动员就可得到好的名次，竞赛主办者可以在竞赛规程中规定，在一场团体赛中一名运动员只能出场一次，即打了单打不能打双打，打了双打不能打单打。

2. 五场制

羽毛球团体赛最常采用的是五场制。每场团体赛由 3 场单打和 2 场双打组成，比赛的场序可以有许多变化，一般的次序是：单、单、单、双、双；单、双、单、双、单；单、单、双、双、单。"汤姆斯杯"和"尤伯杯"比赛以及我国全国羽毛球团体赛都是采用五场制的赛制。但是在"汤姆斯杯"和"尤伯杯"的预赛阶段，首选的比赛次序是先进行 3

场单打再进行 2 场双打。而在决赛阶段首选的比赛次序变为单、双、单、双、单。具体的比赛次序还要视运动员单打和双打的兼项情况而定。男女混合团体赛，如世界男女混合团体赛"苏迪曼杯"赛，是由 2 场单打(男子单打和女子单打)和 3 场双打(男子双打、女子双打和混合双打)组成，它的比赛次序是由裁判长根据比赛双方出场运动员兼项的情况决定的。

3. 多场对抗赛

在一次性的双边比赛时，经常采用由若干场比赛组成的对抗赛，如友好访问比赛、交流比赛等。也有根据特殊需要而制定的比赛场数，如全国羽毛球团体锦标赛对抗赛，每场团体赛就由 9 场比赛组成。

(三)团体赛运动员出场名单的确定方法

每场团体赛由谁出场，由谁出场打哪一场，对手将是谁，这些都会关系到比赛的胜负，所以在竞赛规程中一定要明确规定运动员的出场方法。一般来说有以下两种。

(1) 按技术水平顺序出场，即各队报名时，应将所有报名运动员按单打技术水平高低顺序填写，并根据规程要求按技术水平顺序填写一定数目的双打配对组合。在赛前交换出场名单时，只能按照报名后并为裁判长确认的技术水平顺序填写，不能颠倒。在国际比赛时按世界羽毛球技术水平排名顺序表确定，全国比赛时按我国羽毛球技术水平排名顺序表确定，其他比赛可以由竞赛组委会或裁判长参照以往的比赛成绩确认选手的技术水平顺序，在领队会上公布后执行。

(2) 不按技术水平顺序的随意排序，即在每场团体赛前交换出场名单时，各队可以不受技术水平、顺序的约束，随意填写出场运动员。采用这种方法比赛，往往容易出现与参赛队实力不相当的比赛结果，故专业队一般不采用，它多适用于一般群众性的比赛。但在某种特定场合，也有其可行性。

(四)比赛胜负的计算单位

回合：从一次发球开始，经过双方来回对击到球成死球止，为一个回合。

得分：一个回合的胜方，得 1 分并继续发球。

局：女子单打、男子单打和所有双打项目都是以一方先得 21 分为胜一局。

场：所有项目都采用三局两胜制，即某方连胜两局，或双方各胜一局后，某方再胜了决胜局，称为胜一场，即获得双方比赛的最终胜利。

二、竞赛方法

(一)单循环制

参加比赛的人(队、对)相互之间按程序轮流比赛一次称为单循环赛。其特点是所有参加比赛的人(队、对)相互之间都要比赛一次，比赛机会多，机会均等。但一次比赛所需的场地多、比赛时间长，如果参赛的人(队、对)数较多，就要分组、分阶段进行比赛。

1. 比赛次序的确定

羽毛球比赛的单循环制，比赛次序采用的是"1"号位固定的逆时针轮转法。下面以

4 个队为例进行介绍。

第一轮　　第二轮　　第三轮

1——4　　1——3　　1——2

2——3　　4——2　　3——4

如果参赛队数是单数，则末位加"0"，遇"0"的队，该轮轮空。以 5 个队为例。

第一轮　　第二轮　　第三轮　　第四轮　　第五轮

1——0　　1——5　　1——4　　1——3　　1——2

2——5　　0——4　　5——3　　4——2　　3——0

3——4　　2——3　　0——2　　5——0　　4——5

但当在一组循环赛中有两人(对)来自同一个队时，比赛的次序就应作适当的改变。按国际羽联的办法是同队的运动员必须最先相遇进行比赛，以避免同队的运动员在比赛中故意输球而造成不公平的情况出现。

2. 比赛轮数的计算方法

参赛人(队、对)数为双数时，轮数为参赛人(队、对)数减 1。

例如，有 6 个队进行单循环赛，轮数为 6-1=5 轮。即 6 个队进行单循环赛，共要进行 5 轮比赛。

参赛人(队)数为单数时，轮数为参赛人(队)数。

例如，有 5 个人(队、对)进行单循环赛，共要进行 5 轮比赛。

3. 比赛场数的计算方法

比赛场数为参赛人(队、对)数×[人(队、对)数-1]。

例如，有 6 个人(队、对)进行单循环赛，共要进行的比赛场数是 6×(6-1)÷2=15。

4. 循环赛比赛名次的确定

循环赛的比赛名次应按下列方法依次确定。

(1) 以胜次多少排列，胜次多者列前。

(2) 两人(队、对)胜次相同的，两人(队、对)间比赛的胜者名次列前。

(3) 三者(或三者以上)胜次相同，则依次以他们在本阶段(组)内全部比赛的净胜场、局、分来决定名次，如在出现两者净胜场(局、分)相同，则以他们两者之间的胜负决定名次。

(4) 如果三者(或三者以上)净胜分也相等时，则以抽签方法决定名次的排列。

(二)单淘汰制

单淘汰制的比赛特点是在时间短、场地少的情况下能接纳较多的参赛者，但比赛的机会不太均等，除了第 1 名外，其他的名次有时带有一些偶然性。

1. 比赛次序的确定

参加比赛的人(队、对)按 2 的乘方数(4、8、16、32、…)成对地进行比赛，胜者进入下一轮，负者淘汰，直至最后一名胜者。每次当比赛的轮次进行到还剩 8 名(队、对)运动员争夺进入前 4 名的比赛称四分之一决赛，当还剩 4 名(队、对)运动员争夺进入前两名的比赛称半决赛，最后争夺冠军的比赛就是决赛了。半决赛的两名(队、对)负者并列第 3 名。四分之一决赛的 4 名(队、对)负者并列第 5 名，如果增加附加赛就可以决出第 2 名以后的名次。

2. 轮空

参赛人数等于 2 的乘方数时，第一轮比赛就不会产生轮空。如果参赛的人数不是 2 的乘方数时，第一轮比赛将有轮空。正常情况下，轮空位置只能出现在第一轮的比赛时(第一轮比赛有弃权，在第二轮出现的轮空除外)。

3. 轮空数

轮空数是比参赛人数大一级的 2 的乘方数减去参赛人(队、对)数。例如，有 23 人(队、对)进行单淘汰赛，第一轮的轮空数是 32-23=9 个轮空。

4. 轮空位置

轮空位置应平均地分布在上、下半区，或者 1/4 区、1/8 区。轮空数为单数时，上半区多一个轮空。上半区的轮空位置应在 1/4 区、1/8 区的顶部；下半区的轮空位置应在 1/4 区、1/8 区的底部。

5. 单淘汰赛比赛次序表的制作

羽毛球单淘汰赛的比赛次序表，只需列出实际参赛人数即可，因为有时轮空位置较多而不必都一一画出。根据轮空位置分布的规律，可以采用简易方法画出羽毛球单淘汰赛比赛次序表。其步骤如下。

(1) 从上到下写出全部实际参赛人(队、对)数的序号。

(2) 分上、下半区。将写下的序号上下平分，如果是单数，上半区少一个。在上、下半区间画一条横线作为记号。

(3) 分 1/4 区。首先将上半区平分为第一 1/4 区和第二 1/4 区，如果是单数，第一 1/4 区少一个。再将下半区平分为第三 1/4 区和第四 1/4 区，如果是单数，第四 1/4 区少一个。在每两个 1/4 区间都画一横线作为记号。

(4) 分 1/8 区。首先将第一 1/4 区分为第一 1/8 区和第二 1/8 区，如果是单数，第一 1/8 区少一个；将第二 1/4 区分为第三 1/8 区和第四 1/8 区，如果是单数，第三 1/8 区少一个；将第三 1/4 区分为第五 1/8 和第六 1/8 区，如果是单数，第六 1/8 区少一个；将第四 1/4 区分为第七 1/8 区和第八 1/8 区，如果是单数，第八 1/8 区少一个。在每一 1/8 区间也画一横线作为记号。

从以上不难看出，在分区时，凡在上半区的都是靠上的少一个，即轮空位置在该区的顶部，凡是在下半区的都是靠下的少一个，即轮空位置在该区的底部。然后按照该项比赛原先 1/8 应该有的位置数减去现在的位置数，即为该区的轮空数。在上半区的第一轮轮空的位置是从每个 1/8 区由上到下排列，而在下半区第一轮轮空的位置则是每个 1/8 区由下到上排列。要注意，参赛人(队、对)数在 16 以下就不必分 1/8 区，只要分到 1/4 区就可以；参赛人(队、对)数为 28～31 时只要分到 1/4 区(因为轮空数不超过 4 个)；参赛人(队、对)数为 17～27 和 33～59 时就要分到 1/8 区(因为轮空数超过 4 个)；而参赛人(队、对)数在 65 以上时，就应将轮空数分至 1/16 区 (因为轮空数超过 8 个)。将同一个 1/8 区(或 1/4

区)第一轮不轮空的两个相邻位置连接成第一轮相遇的比赛。

例如，21 人的单淘汰赛是按照 32 个位置(2^5)进行比赛的，所以第一轮共有 11 个轮空位置，平均分到 1/8 区后，第一、第三和第八 3 个 1/8 区各有两个轮空，而其余的 1/8 区都是一个轮空，每个 1/8 区本应该有 4 个位置，而现在第一、第三和第八 3 个 1/8 区还各有两个位置，其余 1/8 区都还有 3 个位置。

6. 每个区位位置数的计算方法

(1) 上、下半区的位置数计算方法。用实际参加人(队、对)数除以 2，如果参加人(队、对)数是单数，则下半区多一个。例如，参赛者是 29 人(队、对)，那么上半区应有 14 个位置，下半区应有 15 个位置。

(2) 1/4 区位置数的计算方法。用实际参加人(队、对)数除以 4，即为每个 1/4 区的位置数，如果有余数，第一个余数应在第三个 1/4 区，第二个余数应在第二个 1/4 区，第三个余数则应在第四个 1/4 区。例如，参赛者为 35 人，则第一个 1/4 区有 8 个位置，其余 3 个 1/4 区各有 9 个位置。

(3) 1/8 区位置数的计算方法。以实际参加人(队、对)数除以 8，即为各 1/8 区的位置数，如果有余数，第一个余数在第五个 1/8 区，第二个余数在第四个 1/8 区，第三个余数在第七个 1/8 区，第四个余数在第二个 1/8 区，第五个余数在第六个 1/8 区，第六个余数在第三个 1/8 区，第七个余数在第八个 1/8 区。例如，参赛者为 28 人，则第一、第三、第六、第八 4 个 1/8 区各有 4 个位置，而第二、第四、第五、第七 4 个 1/8 区各有 5 个位置。

7. 种子选手

为使比赛的结果符合参赛运动员的实际水平，须将技术水平较高的运动员列为种子，以便在抽签时平均分布在不同的区域，使比赛的结果更为合理。

种子数如下。

参赛人数 15 人(队、对)以下设两名种子；16～31 人设 4 名种子；32～63 人(队、对)设 8 名种子；64 人(队、对)以上设 16 名种子(在实际操作时，可根据情况适当增减)。

种子位置和种子的进位如下。

1 号种子在上半区的顶部即"1"号位，2 号种子在下半区的底部即最后一个号位。

3、4 号种子抽签进入第二个 1/4 区的顶部和第三个 1/4 区的底部。

5、6、7、8 号种子抽签进入第二、第四个 1/8 区的顶部和第五、第七个 1/8 区的底部。

8. 非种子选手(对)的抽签进位原则

同队的运动员必须做到最后相遇，即一个队只有一名(对)参赛者时可以进入任何位置；一个队有两名(对)参赛者的必须分别进入上下半区；一个队有 3～4 名(对)参赛者时必须分在不同的 1/4 区；一个队有 5～8 名(对)参赛者的必须平均分在上下半区、1/4 区和 1/8 区。

(三)循环、淘汰混合制

在许多羽毛球竞赛中，为了使各参赛人(对、队)有较多的比赛机会，又不使整个赛程过长，通常将循环制和淘汰制结合运用。比赛的第一阶段采用分组循环，第二阶段采用淘汰。在第一阶段比赛结果出来后如何进入第二阶段的比赛位置有两种方法可选择：第一种是固定位置；第二种是再次抽签或小组第一名固定进位，小组第二名再次抽签进位。

例如，某次比赛有 16 个队，第一阶段分 4 个小组进行单循环赛，第二阶段由各小组的前两名共 8 个队进行单淘汰，决出 1～8 名。

1. 第二阶段位置预先固定

小组的第 1 名和第 2 名都进入第二阶段的固定位置。由于是预先知道第二阶段的位置，所以可能会造成有人在小组赛时故意输球，出现不争小组第 1 名而只争小组第 2 名的情况。

2. 第二阶段抽签进位

如果小组的第 1 名进入固定位置，而小组的第 2 名则等第一阶段小组比赛结果出来后再抽签进位，这样就在一定程度上避免了打假球的可能性。一般的原则是 A、B 组的第 2 名抽签进入下半区的位置，而 C、D 组的第 2 名则抽签进入上半区的位置。

需要注意的是，在第一阶段进位时，1 号种子应进入 A 组，2 号种子进入 D 组，这样才能使第一阶段、第二阶段相配。

第二节　羽毛球裁判员的工作职责与裁判方法

羽毛球竞赛临场裁判人员由裁判长、临场裁判员和编排记录组 3 个部分组成。其中，裁判长包括裁判长和副裁判长；临场裁判员包括主裁判、发球裁判、司线员和记分员；编排记录组包括编排记录组长和组员。

一、裁判长的职责与工作流程

1. 裁判长的职责

(1) 对规则和竞赛规程的解释做出最后决定。

(2) 保证比赛公正地进行。

(3) 保证比赛顺利地进行。

(4) 全面管理竞赛。

2. 裁判长在比赛前的工作

(1) 阅读本次比赛的竞赛规程和文件。

(2) 了解比赛概况。了解各项目的参赛人(队)数，核算比赛的轮数、场数和可使用的场地数以及比赛的天数和时间。

(3) 了解竞赛各有关部门及人员的联系方法，包括竞赛委员会、比赛场地记录台、医生、交通车、裁判员、编排记录组(包括训练场地安排员、广播员、翻译员)、管球员、场地器材组(包括比赛时的球网、网柱、尺、灯光、空调、门窗、场地画线或修补)。

(4) 核查抽签、竞赛编排等情况。

(5) 检查场地、设备、器材是否符合要求。

(6) 检查运动员检录处。检录处应安放在合适的位置，既不影响比赛，又方便运动员检录。

(7) 检查比赛用球。除按规则要求随机抽查测试球的速度外，还要使用发高球的方式测试球飞行的稳定性(飞行时是否摇晃或飘行)，以及检查球的牢固程度。要准备足够数量的球并有快一号和慢一号速度的球供选择，要注意同一号的球其速度应一致。

(8) 召开裁判长、领队和教练员联席会议。

(9) 主持全体裁判员会议，包括赛前动员会和每天赛前裁判工作准备会。

(10) 召集全体司线员会议。有些羽毛球比赛设专职司线员，他们独自成为一个组，遇此情况，裁判长需另行召集司线员会议。

(11) 对编排记录长提出要求。

(12) 会见医生并提出配合要求。

了解运动员在比赛中受伤时的处理步骤。

3. 裁判长在比赛中的工作

裁判长必须在比赛开始前到达场地，规模较大的比赛需提前 40min 到达场地以便进行全面的检查。

(1) 检查场地器材。到达场地后对场地、器材有重点地做最后检查。

(2) 测试球速。测试球速，决定当天比赛用球的速度号(可请运动员协助)。

(3) 召开裁判工作准备会。宣布当天的裁判工作分配，第一天比赛的准备会应对本次比赛的进退场方式、路线、工作程序等再次说明；强调裁判员对比赛的控制；解答裁判员提出的问题。以后每天的准备会应对前一天的比赛作简短的评价，再强调当天比赛的注意事项。

(4) 检查各岗位到位情况。所有的第一场裁判员、记录台人员、广播员、医生以及与比赛场地、设备有关的人员全部到位，第一场比赛运动员报到。

(5) 宣布比赛开始。比赛开始前 5min，全部人员离开球场。准时宣布比赛开始。

(6) 注视比赛进行的情况。比赛开始后裁判长要始终在场，并密切注视比赛的进展状况，随时准备接受并处理领队、教练员、运动员和裁判员的申诉，以及对其他一切有关比赛的问题做出决定。如果裁判长必须离开场地时，应委托副裁判长代理裁判长的职责。在有几个馆同时进行比赛或在一个馆中有多个场地进行比赛时，裁判长可委派副裁判长分工负责，以保证每个场地都有裁判长观看。

裁判长应备有随身笔记本，随时记下比赛中发生的意外事故、需改进的地方及裁判员的工作情况，也应将各有关方面提出要求解决的问题记录下来，以便及时解决。

接受领队或教练员提出的运动员要求弃权的请求，并及时将处理意见通知记录组和有关运动队、运动员。

(7) 接受和处理申诉。比赛中，针对发球裁判或司线员判决提出的申诉，裁判长应先仔细听取教练员的申诉，然后到该比赛场边仔细观看。裁判长进场后首先应仔细听取主裁判的陈述，如有必要再听取运动员的申诉，然后做出决定。例如，运动员因对司线员的判决有异议而争执，主裁判认为司线员确有明显错误，裁判长也持同样看法时，可以更改司线员的决定。如果教练员向裁判长提出对发球裁判的申诉，裁判长应认真观看该场比赛然后给予答复，但绝不能在比赛进行中上场指导发球裁判。如有必要，在局数 1∶1 比赛间歇时，可与发球裁判交换意见，如果裁判长认为发球裁判确实问题严重，影响比赛的公正进行，那么根据规则也可撤换发球裁判。一般情况下，裁判长在小结会时应对发球裁判的问题给予提醒注意。总之，裁判长应随时环视整个场地，一旦发现有运动员与裁判员纠缠或行为不端，应到该场地边，准备解决问题。

(8) 处理场上的受伤情况。在国际比赛中场上运动员因受伤或腿抽筋，不能立即恢复比赛时，裁判长应陪同医生一起进场查看和处理。

(9) 处理对比赛用球速度的申诉。比赛中运动员向主裁判提出比赛用球的速度太快或太慢，而主裁判认为速度正常的话就可以要求运动员继续比赛。如果主裁判在比赛过程中也感到球的速度确实太快或太慢，就应报告裁判长，由裁判长做出裁决。如果怀疑因为场内温度起变化而引起球速快慢的变化时，可让双方按规则试一下速度，再做出决定。比赛中，不能让运动员决定球的速度，而应由裁判长按规则来决定比赛用球的速度。在同一体育馆内，同一时间，要用同一速度的比赛用球。

(10) 考察裁判员的工作。仔细观看比赛中裁判员、司线员和发球裁判的工作情况并做记录，场上发生的意外事故也要随时记录，以便对裁判员作小结鉴定或裁判长报告时用。

(11) 审核主裁判的记分表。审核主裁判交来的临场记分表，裁判长自己也需做比赛结果的记录，并随时查看成绩公报，审核成绩公布是否正确。

4. 裁判长在比赛后的工作

裁判长在比赛结束后应写好裁判员的考核鉴定；结合裁判长报告写好竞赛及裁判工作小结。

二、主裁判的职责与工作流程

(一)主裁判的职责

每场比赛由裁判长指派一名主裁判主持比赛，并管理该场地及其周围的工作，比赛时坐在场外网柱旁的主裁判椅上，执行竞赛规则的有关条款。

(1) 及时地宣判"违例"或"重发球"，并随时在记分表上做相应的记录。

(2) 对申诉应在下一次发球前做出裁决。

(3) 应使运动员和观众能了解比赛的进程。

(4) 可与裁判长磋商，安排、撤换司线员或发球裁判。

(5) 纠正司线员明显的错判和误判。

(6) 当临场裁判员不能作出判断时，由主裁判执行其职责或判"重发球"。

(7) 主裁判有权暂停比赛。

(8) 主裁判应记录与比赛连续性、行为不端及处罚等有关情况并向裁判长报告。

(9) 执行其他缺席裁判员的职责。

(10) 主裁判应将所有仅与规则有关的申诉提交给裁判长。

(二)主裁判的裁判方法

主裁判在裁判长的领导下工作并对裁判长负责。

国际羽联发布《对临场裁判人员的建议》(以下简称《建议》)的目的，是期望所有国家都能依据《羽毛球竞赛规则》使临场比赛的裁判工作标准化。《建议》向主裁判提出，在保证遵守比赛规则的同时，应严格、公正、不滥用职权地控制好比赛；同时对发球裁判和司线员执行他们的职责给予指导。所有临场裁判人员都必须记住，比赛是为运动员的。

主裁判负责管理该场比赛的球场及其四周。其管理时限从该比赛前进入球场开始，直至该场比赛结束后离开球场止。发球裁判一般由裁判长指派，但裁判长可予以撤换或经主裁判与裁判长商议后可予以撤换；司线员一般由裁判长指派，但裁判长可予以撤换或经主裁判与裁判长商议后可予以撤换；临场裁判人员对其职责范围的裁决是最后的决定。当主裁判确认司线员明显错判时，应予以纠正。如果需要撤换司线员，应召唤裁判长商定；当一名临场裁判人员不能作出判断时，由主裁判裁决。若主裁判也不能做出判决时，则判"重发球"。

主裁判在一场比赛的工作与各时间阶段有密切的关系，为便于有条理地叙述，主裁判在一场比赛中的裁判工作可分为比赛开始前、比赛进行中和比赛结束 3 个阶段。其中比赛开始前又可分为进场前、进场后到比赛开始；比赛进行中可分为发球期、球在比赛进行中及死球期(发球前期)3 个时间段落。主裁判的记分表记录和宣报方法是主裁判工作的重要内容。

1. 进场前的工作

进场前的工作是指主裁判在接受担任某场比赛的裁判工作后到进入比赛场地的一段时间内所要做的工作。

(1) 检查自己的裁判用品是否备齐(如记分笔、秒表、挑边器等)，裁判服和主裁判标记是否整洁、符合要求。

(2) 到记录台领取记分表，检查表中各项内容是否正确，填写好可以预先填写的项目，熟悉运动员的姓名并能准确发音。在国际比赛时，准确宣报队名和运动员姓名尤为重要。

(3) 与该场比赛的发球裁判见面并问好，交代需要配合的工作，如提醒他准备比赛用球，带好运动员的姓名牌等。

(4) 检查该场比赛的司线员是否到位做好准备。

(5) 在有要求时，召集比赛运动员列队入场。当发现有运动员未到时，应立即报告裁判长。

(6) 了解进场和退场的路线，在听到广播或裁判长示意后与发球裁判、运动员(有时包括司线员)一起进场。要注意，主裁判是该场比赛的组织者，从列队进场起，就应组织好并使该场比赛的所有运动员和临场裁判员在观众前亮相，行走要有精神，步子快慢要适当。

2. 比赛开始前的工作

(1) 挑边。主裁判最好使用一枚两边颜色不同的硬币进行挑边，应先向双方运动员交代清楚，他们各持挑边器上的哪一面(指颜色)，然后用手指将硬币向上弹起使之快速翻滚，落地(也有的主裁判习惯用手掌接)后看是哪一边(颜色)向上，选中该边(颜色)的运动员赢得首先挑选权。在非正式比赛或练习比赛时，简单的方法是将球向空中抛起，根据球落地时球托的指向来决定哪一方有优先选择权。

双打比赛时，应问清楚在比赛开始时的首先发球员和首先接发球员(双打比赛时)，主裁判要立即在记分表上记下发球员、接发球员和比赛开始时双方的场区(在主裁判的左边还是右边)。挑边后应及时将挑边结果告知发球裁判和记分员，使记分器上运动员的名牌能正确地表明比赛开始时双方运动员所站的场区和发球顺序。

(2) 检查网、网高和网柱。整个网面不能有破洞；网的两端与网柱间不能有空隙；检查网高要测量三处地方，即两边的网柱高 1.55m，网中央顶部离地面高 1.524m。量网时注意，尺要垂直于地面，尺的刻度面要紧贴在网的白布条上才能减小误差。发现问题如自己不能解决，应立即报告裁判长，在比赛开始前予以解决。

(3) 检查场地及其周围。场地上不能有异物，线的颜色不能缺失，场地四周 2m 以内不能有障碍物，运动员的备用球拍、毛巾及饮料均要放入规定的筐中。总之，整个场地要整洁有序，有利于运动员的比赛和不影响观众的观看。主裁判为扩大自己的视野，有利于控制全场，其座椅离场地边线远一些较好；但如果主裁判的一边未设边线司线员，而要自己负责看球在边线的落点时，则座位不宜太远。

(4) 检查司线员的座位。司线员的座位要对准各自所负责的线，特别是单打项目和双打项目交替进行时，可以在检查位置的同时与司线员作配合的交流。

(5) 检查运动员服装上的广告是否符合本次比赛的规定，以及双打比赛时两名同伴的服装颜色是否一致(国际羽联的竞赛规程是建议双打比赛两名同伴的服装颜色相一致)，发现问题要求及时改正。

以上所有的工作应在 2～3min 内完成，不要拖得太长，这段时间也正好是场上运动员做赛前练习和热身的时间，在完成这些工作后主裁判就可以上裁判椅准备开始比赛。

(6) 宣布比赛开始。

3. 发球期的工作

从发球开始到发球结束的一段时间为发球期，在有发球裁判时，宣判发球违例是发球裁判的职责，主裁判主要负责看接发球员在接发球时是否违例，但作为一场比赛的主持者，主裁判仍应注意发球员的发球情况，这样在解答运动员提出的申诉时，才能有自己的观点依据，才能与发球裁判配合，或在遇有特殊情况时向裁判长提出自己的看法。另外，作为主裁判，要能准确判断接发球员的违例，如接发球员的脚提前移动，就一定要确切地知道发球的开始时间和结束时间，因此，主裁判在注视接发球员的同时，眼睛的余光要能看到发球员的整个发球动作。发球员发球时，做了挥拍动作但未击中球为违例，将失去该次发球权，接发球方得 1 分，而不是重发球，这也是主裁判宣判的职责。所有这些都要求主裁判在发球员发球时，既要看接发球员，又要注意发球员的动作。

(1) 一旦发球员和接发球员做好准备，任何一方都不得延误发球。发球时发球员球拍的拍头做完后摆，任何迟滞都是延误发球。

(2) 发球员和接发球员，应站在斜对角的发球区内，脚不得触及发球区和接发球区的界限。

(3) 从发球开始至发球结束前，发球员和接发球员的两脚都必须有一部分与场地的地面接触，不得移动。

(4) 发球员的球拍，应首先击中球托。

(5) 发球员的球拍击中球的瞬间,整个球应低于 1.15m。

(6) 发球员的球拍击中球的瞬间,球拍头应指向下方。

(7) 发球开始后,发球员必须连续向前挥拍,直至将球发出。

(8) 发出的球向上飞行过网,如果未被拦截,球应落在规定的接发球区内(即落在线上或界内)。

(9) 发球员发球时应击中球。

另外,一旦运动员站好位置准备发球,发球员的球拍头第一次向前挥动,即为发球开始;一旦发球开始,发球员的球拍击中球或未能击中球,均为发球结束;发球员应在接发球员准备好后才能发球,如果接发球员已试图接发球,即被视为已做好准备;双打比赛发球时,发球员或接发球员的同伴应在各自的场区内。其站位不限,但不得阻挡对方发球员或接发球员的视线。

4. 球在比赛进行中的工作

从球被发出后,一直到球落地或主裁判宣报"违例"或"重发球"的这段时间是"球在比赛进行中"。主裁判双眼要紧随着飞行的球以及注意整个球场及其周围的情况,根据规则及时作出判断和宣报。

(1) 球不过网。羽毛球从网下过、从网孔穿过、球被夹在网孔中等均为击球方"违例"。如果球在过网时停在网顶或过网后挂在网上,这一情况在发球时发生作为"违例",在比赛进行中发生应判作"重发球"。球从网柱外绕过网柱落入对方场内,以前的规则明确视为有效,现在的规则没有文字说明这一情况,但从各有关条款分析,仍是合法还击。

(2) "界内"和"界外"。比赛中当球落在有司线员分管的线附近时,主裁判一定要根据该司线员的决定宣判,如果该司线员未做手势,主裁判应要求他做出手势,然后再宣判。凡球落在无司线员分管的线的界内,主裁判可直接报比分;如果是落在界外,则主裁判需先报"界外",然后再报比分。主裁判认为司线员明显错误时,应再次询问该司线员,主裁判不能否决司线员对自己所分管线的球落点的判定,但有责任将情况向裁判长报告,如果错误明显,有必要时经与裁判长磋商后可以撤换该司线员。即使撤换了司线员,对于该司线员的错判仍不能更改。在许多比赛中,由于没有足够数量的司线员,主裁判就需自己负责看前发球线、中线和靠近自己的一条边线,因为主裁判的视线与界线都有一个夹角,容易将界外球看成界内球,所以主裁判看这些线的落球点时,应挪动身体尽量减小自己的视线与界线的夹角。例如,当主裁判左场区的发球员发近网球时,主裁判可将身体往右移一些,尽量使自己的视线与右场区的前发球线平行,有利于做出准确的判断。球触地面即成死球,可是有时接球员在球已触地后再把球还击过去,这是一个很快的过程,主裁判一定要眼明、口快,如果主裁判的位置过于靠近场地,是比较难判断这一情况的。因此,主裁判的座位应离场地边线稍远一些,扩大自己的视野,这对控制全场和判断球是否触地都是有利的。

(3) 球碰屋顶或场外障碍物。如果球场上空高度低于 9m,主裁判在赛前就要了解是否有补充规定(场地高度低于 9m 时,竞赛组委会或裁判长可以制定补充规定,"发球时球碰障碍物第一次判重发球,第二次碰障碍物则判发球违例")。正常情况下,主裁判在看到球碰屋顶或空中的障碍物时,应立即报"违例"。球碰场外障碍物,如有司线员时,由司线员判定并报"界外"。

(4) 球触及运动员的身体或衣物。球触及运动员身体的任何部分或衣服都属违例。遇此情况，主裁判应立即大声报"违例"，使双方运动员能清楚地听到并立即停止击球，此时司线员也不必再做手势。击球时球拍的框、杆、柄击中球均为有效击球。

(5) 网前"阻挠"。比赛中，当双方球员都在近网处时，球员甲击球，其对手乙如果举拍企图封堵球的飞行路线属"阻挠"违例。但若球员甲的球拍已击到球后，球员乙再举拍拦击则非但不属违例，而且是高水平的快速反应。区分是否"违例"，第一是看双方位置是否都在近网处，第二看举拍动作是在对方球拍击中球瞬间之前还是之后。

(6) "侵入场区"。2017 年版的羽毛球竞赛规则规定，运动员的"球拍或身体，从网上侵入对方场区"(击球者击球后，球拍随球过网)或运动员的"球拍或身体，从网下侵入对方场区，导致妨碍对方或分散对方的注意力"均为违例。因此，凡身体、球拍从网上过网的即算"违例"，而身体、球拍从网下过网时要在对方受到影响时才算"违例"。

(7) 连击。一名球员两次挥拍两次击中球或双打比赛中两名同伴连续各击中一次球，均为连击。而一次挥拍球拍框先碰球，然后随即拍弦再将球击出属合法击球。两次挥拍两次击中球是极少产生的，但是如果击球时球在球拍上有停留或拖带现象，则仍是击球"违例"。如比赛中当双方在近距离快速来回对击时，甲由于击球后握拍手的回复动作太慢球拍还贴在近身，而对方又击来追身球到甲的球拍，甲勉强还击，造成球在球拍上有停滞、拖带现象，属违例。双打比赛中两名同伴同时去击球，两只球拍相撞，而球只被一只球拍击出，不算违例。

(8) 球碰球拍后继续飞向该运动员的后场。在此情况下，球已不可能再飞向对方场区，主裁判见此情况就应立即报"违例"。主裁判在执行这条规则时要注意，球碰拍后向下落时则不能在球落地前报"违例"。

(9) 死球。下列情况均已成"死球"：球撞网并挂在网上或停在网顶、球触地、球碰网或网柱后在击球者这一方落向地面和主裁判报"违例""重发球"后。死球后任何一方再有违例均不再判。准确掌握死球概念，对主裁判的正确宣判极其重要。例如，网前扑球，球拍碰网时就要区分球落地和球拍碰网哪个发生在先；杀球时，球拍脱手飞过球网，球落对方场内，是球拍飞过网在前还是球落地在前。击球者将球打在网上并落向自己一方的地面，而对方不慎使球拍触网，如果是球拍触网在先，则球拍触网一方违例；若球拍与球同时触网也是球拍触网一方违例；如果是球已开始下落时击球方的球拍再碰网，则应是击球方击球不过网违例。

(10) 外物侵入场区。比赛进行中有外物侵入场区(这一情况大多数是边上另一场地的球飞入本场)，如果对本场地的运动员产生影响，主裁判应报"重发球"。

比赛中，主裁判的眼睛不能只盯住球，而应尽可能扩大视野。这就要求主裁判多参加羽毛球运动实践，并经常担任主裁判工作，才能积累丰富经验，准确判断。

(11) 发生意外事故。当球在比赛进行中还未成死球时，遇有灯光突然熄灭、网柱倒下、地板场地的接缝裂开等情况时，主裁判应宣判重发球。

(12) 场外指导。在一场比赛中，死球时，允许运动员接受指导。但是教练员必须坐在指定的椅子上，不得站在场边(除规则允许的间歇外)；教练员不得分散运动员的注意力或使比赛中断。如果主裁判认为比赛被教练员中断，或教练员分散了对方运动员的注意力，则判"重发球"，并立即请来裁判长，裁判长应警告有关教练员。如果教练员再次出现上述行为，必要时，请求裁判长要求教练员离开赛场。

5. 死球期间的工作

这一时间段虽不在比赛进行中，比赛的双方处于相对静止状态，但主裁判水平的高低、控制全场能力的强弱却可在此时表现出来。

(1) 记录。一旦成死球，应立即在记分表上记上比分，有时需做些特殊记录。有些经验不足的主裁判往往急于先报分，并只顾眼睛看着记分表记录，而此时发球员却因主裁判已报过比分就将球发出，使主裁判陷入困境和被动之中。因为忙于记录而未能顾及场上情况，对于发球员和接发球员的违例都将失控。如果是主裁判未报比分，发球员将球发出，则主裁判报"重发球"就显得顺理成章了。

(2) 及时宣报。做完记录后，主裁判应尽快宣报比分(或换发球及比分)。发球员只能在主裁判报分后才发球。掌握报分的时间和节奏是很有讲究的，既不能让发球员等待太久，也不要使自己处于慌乱之中，主裁判处理好记录和宣报这两项互有关联的工作十分重要。一般的顺序是：第一步先宣判哪一方胜该回合；第二步主裁判在记分表上做记录；第三步主裁判宣报比分。如果是明显的球落在界内成死球，主裁判不必宣判，可以先做记录再宣报。

(3) 比分显示。主裁判要随时注意比分显示器，发现比分或发球顺序显示错误，应立即纠正后再继续比赛；如果发现错误时球已被发出，则等死球后再纠正。

(4) 运动员要求换球的处理。比赛时，换球应公正。主裁判应对是否换球做出决定。一方球员要求换球时首先应向主裁判提出，如果双方运动员都同意换球，正常情况下主裁判不应拒绝；如果只有一方要求换球而另一方拒绝换球，主裁判一定要先查看球，然后再作决定。如果羽毛有折断、球体明显变形，就应予以更换；如果球的整体完好，则应继续使用。必要时可以试球的速度有无明显改变，或飞行时是否摇晃再作决定，但通常情况下主裁判不必试球就可做出决定。当主裁判认为运动员频繁地提出换球是为了借机喘息恢复体力，则应拒绝换球的要求。比分处于关键时刻时，为了避免比赛节奏被故意打断，主裁判也可视情况拒绝运动员的换球要求。但是主裁判看到球体确实受损时，任何时候都不应拒绝运动员的换球要求。为保证比赛的连续性，不给运动员借换球的机会取得休息时间，换新球后不允许试球。在只有一方运动员提出球速太快或太慢时，主裁判可予以否定；如果双方运动员都提出球速太快或太慢，主裁判自己也感到球速有问题时，应向裁判长报告。

(5) 运动员要求换拍的处理。比赛中球拍断弦，主裁判应接受运动员提出的换拍要求，并允许换拍后试打一下，然后立即恢复比赛。当球在来回对击时，运动员跑到场边换取另一只球拍继续比赛是允许的，这种情况在双打比赛时可能发生。

(6) 运动员要求擦汗和喝水的处理。比赛中运动员需要擦汗是合理的要求，但要经主裁判的许可后方能到场地边擦汗和喝水。主裁判在同意一方运动员的要求时，要示意对方球员。主裁判要控制运动员擦汗和喝水的时间，不能拖得太久，必要时报"比赛继续进行"以催促运动员尽快恢复比赛。主裁判应酌情拒绝运动员借机恢复体力或改变比赛节奏的要求，如在对方连续得分时频繁要求喝水、擦汗或在比赛的关键时刻提出此要求。

(7) 运动员要求擦地的处理。在运动员摔倒地面有汗湿的情况时，主裁判应主动召唤擦地员擦干地面；在运动员的汗水洒落在场地较多、要求擦地时，主裁判应召唤擦地员擦地；在场地确实有汗水的情况下，即使主裁判认为运动员有要求擦地而借机休息之嫌，也不能拒绝其要求，只是要求擦地员的动作快些，不使比赛中断太久。

(8) 意外事故的处理。主裁判要注意全场的情况，发现问题要在发球员发球前及时处理，如场地线有缺损、场地旁的门未关好有风影响比赛、网高有变化等。

(9) 运动员受伤的处理。比赛时发生运动员受伤，主裁判的处理步骤是，首先问该受伤运动员情况如何，是否需要医生。如果伤情不重，要立即恢复比赛；如果运动员要求医生，主裁判应举手请求裁判长进场地，由裁判长决定是否需要医务人员或其他人员进场。此时主裁判应在记分表上记下当时的比分、发球员、发球顺序和时间，并启动秒表随时向裁判长报告时间，在裁判长的授意下宣布比赛恢复进行或宣布受伤运动员退出比赛(详见裁判长工作)。

(10) 运动员提出申诉的处理。运动员只能就规则问题向主裁判提出申诉，主裁判应在下一次发球前对申诉做出回答，有必要时提交裁判长处理。运动员对司线员所做的判决有异议只能向主裁判提出，而不能与该司线员争辩，遇有争辩时主裁判应该予以制止，情况严重要按"行为不端"处理。发球员对发球裁判所判的违例可以要求发球裁判表明是哪一种发球违例，但不能争辩，遇有争辩时主裁判也应予以制止，情况严重的按"行为不端"处理。对于运动员的申诉主裁判首先要听清楚，在国际比赛时由于语言问题更应该仔细了解运动员提出的确切意思后再进行处理。

(11) 运动员延误比赛的处理。发球员或接发球员在球成死球后在场上兜圈子，未经主裁判的允许离开场地喝水、擦汗等拖延时间而迟迟不做发球或接发球的准备，以此来喘息、恢复体力，这些都是破坏比赛连续性的行为。在初犯程度较轻时，主裁判应提醒该运动员注意，而不必马上予以警告，但一定要有所表示，决不可听之任之。例如，运动员在场上兜圈子时，主裁判就可报"比赛继续进行"；运动员未经许可而离场擦汗，这时主裁判就应对该运动员说："要离场擦汗，请先告诉我。"在主裁判提醒之后，运动员屡犯或情节严重，主裁判应执行规则(2017 年版)第 16 条"比赛连续性、行为不端及处罚"的规定。主裁判还需根据具体情况灵活掌握，当比赛进行了一个很长的多拍回合后，双方运动员适当地延长间隙时间是可允许的(大约 10s 以内)，主裁判认为比赛必须进行时，可报"比赛继续进行"来催促双方做好发球和接发球的准备。如果一方已做好准备，对方也应立即做好相应的准备，不可延误时间。

(12) 运动员行为不端的处理。任何不礼貌的行为和举止均属行为不端，不端行为列举如下。

① 故意影响改变球的速度。运动员以拍柄或肘部捅羽毛球或用手指将羽毛向外弯折使球的口径增大以减慢球速，或用手勒小羽毛的口径以加快球速等都是故意改变球速，属于行为不端，主裁判除了按行为不端处理外，还应更换新球。

② 用拍击打球网。运动员对自己的击球失误或对主裁判的判决不满，以球拍击打球网来发泄自己的情绪。

③ 故意使劲将球打向地板。运动员对判决不满或主裁判没有同意他换球的要求时往往有此表现。

④ 抛扔球拍。运动员以抛球拍或以球拍击打地板来发泄自己的情绪。这是很危险的行为，常会导致他人受到伤害。

⑤ 不礼貌动作。主裁判应该制止运动员在打了一个成功的好球后，握拳向对方示威。

⑥ 不礼貌语言。在场上对别人或对自己骂粗话都是不允许的。

⑦ 不服从判决并与主裁判无礼纠缠。运动员在主裁判对他提出的申诉作了解答后，仍拒不继续比赛。

运动员犯有以上各种行为时，主裁判应视情节轻重按规则予以相应的处罚：对情节较轻的予以提醒；对明显的"延误比赛和行为不端"予以警告(见图 6-1)，对已警告过又再犯的或情节严重的判违例；对判过违例又犯或情节特别严重的应再判违例并报告裁判长，裁判长有权取消违犯方的比赛资格。主裁判应将所有"比赛连续性、行为不端及处罚"这一规则的情况记录在记分表上。

图 6-1　延误比赛和行为不端的警告或违例手势

(13) 比赛暂停。主裁判是唯一有权暂停比赛的裁判员。当比赛因某种原因而暂停时，主裁判应记下当时的比分及发球顺序和发球员，在有需要时启动秒表。

恢复比赛时，应记录暂停持续的时间，确认运动员的正确站位，并询问"准备好了吗"再宣报"继续比赛"和比分。

(14) 间歇。当一局比赛领先方得 11 分时，双方运动员有不超过 60s 的休息时间。该回合一结束，应立即宣报"换发球"和相应的得分以及"间歇"，执行规则中有关"间歇"的规定，间歇时间从此时算起。在"间歇"期间，发球裁判要确保场地被擦干净。在一局比赛领先方得 11 分的间歇中，到 40s 时，应重复宣报"×号场地 20s"。

一局比赛结束时双方运动员有不超过 120s 的休息时间。

每局交换场区，以及第三局交换场区的间歇中，允许双方各有不超过两名教练进入场地指导。当主裁判宣报"×号场地 20s"时，这些人员应离开场地。

间歇后恢复比赛时宣报"继续比赛"，并再次报分。如果运动员不需要规则规定的间歇，可继续比赛。

(15) 交换场区。第一局比赛结束时，双方预交换场区进行第二局的比赛；如果局数打成 1：1 时，在第三局开始前双方也应交换场区；在第三局比赛中，当领先一方得到 11 分时双方应再次交换场区。主裁判宣报交换场区后，要提醒运动员带好各自的备用球拍和其他物品，并要注意运动员姓名牌和记分显示是否也做了相应的方向变动。如果主裁判和运动员都忘了在规定的时间交换场区，一经发现应立即交换，所得分数有效。

6. 比赛结束后的工作

一场比赛最后一个球成死球后，主裁判应在记分表上写下最后一个得分数，然后宣布比赛结果(每一局的比分)。主裁判宣报比赛结果时要抬起头，声音要洪亮、清楚，节奏适当。要避免一边宣报一边与运动员握手。比赛结束时，应采用适当的方式对发球裁判和司线员的合作表示感谢。主裁判不要在与双方运动员握手后继续坐在裁判椅上填写记分表，因为其他裁判人员都在等你一起退场，记分表的填写可在离开场地后进行，并及时交裁判长审核后交记录台。

三、发球裁判的职责与工作流程

(一)发球裁判的职责

发球违例的判定是羽毛球临场裁判工作中的难点，常易引起比赛双方的争议。做好发球裁判的工作基础是对羽毛球竞赛规则中有关发球条款有正确的理解，并对规则的细节和精髓能结合实际正确运用。为此，在临场执裁中必须做到以下三个一样：对任何运动员(有名与无名、高水平与低水平、熟悉与不熟悉)的"发球违例"判罚尺度一样；从比赛的开始到结束尺度一样；双方比分悬殊时和双方比分接近时尺度一样。

发球裁判通常坐在主裁判对面网柱旁的矮椅上，使视线基本与发球员的腰部持平；根据需要也可以坐在主裁判同侧；在视线被挡而不能看清发球员的发球动作时，可以挪动身体位置，直至能看清发球员的发球动作为止。

1. 宣判发球员发球时的违例

当看到并肯定发球员发球违例时，立即大声报"违例"，并使用发球裁判 5 个手势中相应的一个手势表明是何种发球违例，裁判长和主裁判都不能否决发球裁判做出的判决。

2. 协助主裁判检查场地和器材

进场地后，协助主裁判检查球网、记分显示及暂停标志等。

3. 协助主裁判管理羽毛球

发球裁判只有在主裁判示意换球时，才能将新球换给运动员，并要注意将新换的球交给发球员，而不要给接发球方，以免延误比赛时间。当运动员离发球裁判较远，发球裁判欲将球抛给运动员时，要注意不可将手举起从高处掷向运动员，因为这是不礼貌的。正确的方法是用手心托着或用手指捏着羽毛球(拇指放在球心中央)球托向前，从下向上将球抛给运动员。

4. 放置暂停标志

在局数成 1：1 时，根据主裁判的决定，放置暂停标志在场地中央网底下；当主裁判示意时，再收回暂停标志。

(二)"发球违例"的判罚

在判断是否"发球违例"时，首先要掌握"发球时间"的概念，因为所有发球员的"发球违例"只发生在"发球时间"里。

发球时间是指当发球员和接发球员双方做好发球和接发球准备后，发球员球拍的拍头第一次向前挥动(发球开始)，直至发球员的球拍击中球或未击中球球落地(发球结束)为止的一段时间。以下内容为如何判断"发球违例"。

(1) 在整个发球时间里，发球员的任何一脚踩线、触线或移动均属违例。当发球员准备开始发球站好位置时，发球裁判就应该注意发球员的任何一脚是否踩线、触线，如果出线，此时还不能宣判，因为发球并未开始，一旦发球员的球拍开始向前挥动，发球裁判不必等到球被击出就应立即宣报"违例"。有些发球员发球时喜欢站位贴近中线，在开始挥拍时脚并未触线，但随着挥拍的动作，后脚有一个旋转致使有半个脚明显踩在线上，这也是"发球脚违例"。也有的发球员在站好位置后，前脚习惯向前跨出一步后再挥拍，这不应看作脚移动，因为发球并未开始，而一旦发球员的球拍开始向前挥动到发球结束，在这一段时间里，发球员的任何一脚有离地或拖动就是"发球脚违例"。发球裁判宣判发球脚违例时的手势是：用右手指向自己向前伸出的右脚，如图6-2所示。

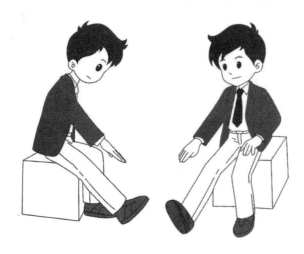

图6-2 脚违例手势

(2) 发球未先击中球托。发球时球拍与球的最初接触点不在球托上，也就是说，球拍先击中球的羽毛部分或同时击中球的羽毛和球托都为不合法，这条规则的主要作用是限制发球员发旋转飘球。发球时，发球裁判要仔细观看，球拍与球的最初接触点是否只在球托上。实际上有时这是非常困难的，所以发球裁判要借助观看发出球的飞行状态来帮助判断。如果球拍明显是先击中羽毛，应判发球违例。如果通过观察不能非常肯定是否先击中球托，那么发出的球飞行中带有旋转、翻滚就可判违例；如果发出的球飞行弧线正常，就是合法发球了。但要注意，如果发球时明显先击中球托，但发出的球飞行时带有旋转或翻滚，则不能判违例。发球裁判宣判发球时"未先击球托"的手势是：以左手5个手指做成羽毛球的形状，以右手手掌代表球拍的拍面，然后以右手手掌轻擦左手指尖，表示球拍先击在羽毛上，如图6-3所示。

图 6-3　"未先击中球托"违例手势

(3) 发球时，当球拍击中球的瞬间，球的任何部分高于发球员的腰部为"发球过腰"。这一规则主要是不让发球员在高击球点将球平击过去，造成对接发球员的威胁。判断球的任何部分是否过腰，首先要知道腰的部位。从人体解剖学分析，腰部是由第一腰椎到第五腰椎组成，而第一腰椎大约相当于人体最低一条肋骨，当击中球的瞬间，球的任何部分如果高于最低一条肋骨的水平延长线，则应认为是过腰了。发球过腰违例，一定是在球拍击中球的瞬间才会产生。这里有两种情况值得注意：一种情况是发球员已经开始挥拍，且球也已离开发球员的持球手，而这时球在远高于发球员腰部的空中，这不属于违例；另一情况是发球员准备发球和挥拍的开始阶段，球保持在低于发球员的腰部，而当快要击中球时，发球员将球迅速上提，在球体超过腰部的高处将球击出，这是明显的发球过腰违例。发球裁判在宣判"发球过腰"违例时的手势是：右手抬起，超过腰的高度，肘关节弯曲，前臂平放在身体胸前，如图 6-4 所示。

图 6-4　"发球过腰"违例手势

(4) 发球时，球拍击中球的瞬间，拍杆未指向下方。这一规则主要是不让发球员用垂直于地面的平拍面发出进攻性的平射球，而是要求发球员的球拍面只能以向上的方向将球击出，使球以向上的弧线越过球网。判断这一违例时要注意三个方面：一是球拍击中球的瞬间；二是球拍一定要明显低于发球手；三是如果发出去的球飞行弧线是水平射向接发球员，则判发球"过手违例"不会有错，这一点最为重要。还要注意，发球员发出的高弧线向上飞行的球是不可能"过手违例"的，而在发出向上高弧线飞行的球时"过腰违例"是有可能的。发球裁判在宣判"发球过手"违例时的手势是：右手弯曲，前伸抬起在胸前，手掌代表球拍的拍头，高于整个前臂，表明球拍的拍头高于握拍的手部，如图6-5所示。

图 6-5　"发球过手"违例手势

(5)　延误发球是指发球员的挥拍不是一次性地连续向前将球击出(习惯称"发球假动作")。发球员在开始向前挥拍后又改变挥拍方向，或在挥拍的过程中有停顿使对方受骗，这些均属发球违例。在比赛中较多见的情况，一是发球员向前挥拍中途突然停住，接发球员以为是发近网球而身体重心移向前，但发球员又突然手腕一抖将球发向后场，使接发球员受骗；二是发球员在准备发球时，将球拍不停地抖动，幅度有大有小，在对方无备时将球发出。这些都应判作"延误发球"违例。发球裁判宣判"延误发球"的手势是：以右手做不连续的发球挥拍动作，如图6-6所示。

图 6-6　"延误发球"违例

注：最新规则修改，发球员的球拍击中球的瞬间，整个球距场地地面高度应低于1.15m。

删除规则9.1.7，规则9.1.8～9.1.10的序号对应改为9.1.7～9.1.9。原规则9.1.6"发球员的球拍击中球的瞬间，整个球应低于发球员的腰部。腰指的是发球员最低肋骨下缘的水平切线"和 9.1.7 "发球员的球拍击中球的瞬间，拍杆和拍头应指向下方"被作为"发球替换规则"并入原"其他计分方法"(现为"世界羽联法规"第 4.1.4 节"羽毛球替换规则")中。

因此，在使用固定发球高度规则时，要注意原规则 9.1.7 "发球员的球拍击中球的瞬间，拍杆和拍头应指向下方"条款不适用。也就是说，不管运动员的球拍和拍头是否指向下方，即使发出的球是具有威胁性的杀球，只要在发球员的球拍击中球的瞬间，整个球距场地地面高度低于 1.15m，就都是合法的，如图 6-7 所示。

图 6-7 球场

(三)发球裁判的判决方法

1. 精神集中、全神贯注

从发球员准备发球开始直至发球结束，发球裁判一定要面向发球员，精神集中、全神贯注地正视发球员，让发球员、接发球员以及所有在场的其他人员意识到，发球裁判正在认真地履行职责，这样发球裁判做出的判决才能让人信服。

2. 宣报时间

发球是一个相当快的过程，而发球员的故意违例又往往带有偷袭性，更是发生在一瞬间，发球裁判如果宣判稍慢，就几个来回过去了。所以发球裁判在发球员发球时，时刻都要准备报"违例"。一旦宣报发球"违例"，声音一定要洪亮，让主裁判和运动员都听到。如果主裁判没听到，比赛还在进行，发球裁判可以站起来，再次大声宣报，直至主裁判报"发球违例"。

3. 手势

发球裁判在宣报发球违例和做手势表明是何种发球违例时，一定要面向发球员，在发球员询问是何种违例时，应果断地再次重复违例的手势，不应回避。

4. 发球违例的严格控制

从比赛一开始，只要发现有发球违例就一定要果断地宣判，只有这样才能控制住发球员的发球；否则，当比赛进行到比分接近或关键时刻才控制、才判定，就会显得前后尺度不一致，如果不判，双方的发球违例将失去控制，自己也就陷入极度的被动。有的发球裁判对发球员的多次发球违例是否每次都作宣判有顾虑，这是错误的，应凡是能肯定的"发球违例"，都必须毫不犹豫地予以宣判；否则是对接发球员的不公正。

5. 掌握判罚"发球违例"的尺度

羽毛球竞赛规则对发球员发球时的种种限制，其主要精神是不让发球员在发球时占得便利，但在条款执行中还是有难度的。例如，发球时，"当击中球的瞬间，球的任何部分必须低于发球员的腰部"，而腰部并无一条明显的判别界线，而且运动员的衣服又遮着腰部，所以发球裁判在判断发球是否"违例"时，也是对裁判员专业素质的检验。

6. 公平判罚

判罚必须公平、公正，千万不要搞平衡，切不可在判了一方发球违例后找机会也判另一方发球违例，以求两边都不得罪。这种做法的结果，不仅适得其反，而且是有失水准，违背职业道德的。

发球裁判的裁判水平是衡量一名羽毛球裁判员业务水平高低的重要方面。作为合格的发球裁判，既要有竞赛规则的理论基础，又要有丰富的临场经验；既要有优秀的道德品质修养，又需具备良好的心理素质。这些也是羽毛球裁判员晋升和考核的一项重要内容。

四、司线员的工作职责与方法

(一)司线员的职责

司线员专门负责查看球在他所负责的线附近的落点，并以规定的术语"界外""界内"以及"视线被挡"3个手势进行宣判。

(二)司线员的裁判方法

2007年版羽毛球竞赛规则中规定：场地上"所有的线都是它所界定区域的组成部分"，羽毛球应由16根羽毛固定在球托上。依据这两条规定，只要球任何部分的最初落地点是在此时该球应落的有效区域(发球区或场区)的线上或线内，即为"界内球"。如单打比赛时，发球员从右发球区发出球，凡球落在对方场区的右发球区的界线上及线以内均为界内球。

1. 界内

球落在他所负责的线的界内，只伸出右手指向他所负责的线，不宣报，如图6-8所示。

2. 界外

无论球落在他所负责的线的界外多远，都应立即做出两臂向两边平伸的手势，同时高声报"界外"，如图6-9所示。

3. 视线被挡

司线员的视线被运动员挡住，未能看到球的落点，此时应举起双手遮着双眼，向主裁判表示自己的视线被挡，不能做出判决，如图6-10所示。

图 6-8   "界内"手势

图 6-9   "界外"手势

图 6-10   "未能看清"手势

五、记分员的工作职责与方法

记分员的职责是及时、正确地显示主裁判的宣报。正式的比赛应配备比分显示器，由临场记分员操作。记分员的工作内容、程序和工作要点如下。

(1) 比赛开始前，将小分和局分都还原到零。

(2) 根据主裁判主持挑边的结果，正确安放比赛双方运动员的名牌，指示出比赛开始时双方所站的场区。如果记分器有发球方显示，还应显示出比赛开始时的首先发球方。

(3) 比赛开始后，根据主裁判的宣判，显示出比分和发球权(如果有此功能的话)。一定要注意不能根据自己的判断，喧宾夺主地先于主裁判的宣报、操作显示比分或换发球方。

(4) 在一局比赛结束时，要显示局分，并在运动员的名牌指示下转向下一局双方的场区，小分还原到零。

（5）第三局比赛交换场区时，也应及时改变运动员名牌指示方向。

（6）整场比赛结束，先显示出最后的比分和完整的局分；在取下运动员名牌后，将记分器显示还原到零后再离开场地。

第三节　羽毛球比赛场馆要求及附属设备

一、竞赛场地及其附属设施

羽毛球比赛场馆的设施应根据比赛的级别要求进行布置。

1. 运动员休息室

男女要分开，运动员一般都是在休息室更衣。

2. 裁判员休息室

在每节比赛开始前，裁判长召开裁判员赛前准备会和比赛时轮休的裁判员在此休息。因羽毛球比赛的时间较长，所以国际比赛常在休息室中备有茶水、咖啡和一些点心。如果条件许可，比赛场地的广播应连接到运动员和裁判员的休息室内，使运动员和裁判员在休息时也可随时了解比赛的进程。

3. 贵宾休息室

供举行会议或领导、特邀来宾休息。

4. 医务室

除常规医务药物外，还应准备一些急救医务用品，如氧气袋、骨折固定物等。

5. 兴奋剂检测室

应附有洗手间，备有桌子、椅子、大量饮用水和放置尿样的冰箱。

6. 厕所

从球场到厕所的距离尽量不要太远。

7. 新闻中心

根据需要和可能设置最方便、快捷的通信设备，大型比赛需设新闻发布会议室。

8. 快餐供给处

羽毛球比赛时间较长，根据比赛情况供应各种快餐及饮料。

二、器材设备

(一)场地设备

球场应是一个长方形，用宽 40mm 的线画出。线的颜色最好是白色、黄色或其他容易辨别的颜色。所有的线都是它所界定区域的组成部分。

从球场地面量起，网柱高 1.55m。当球网被拉紧时，网柱应与地面保持垂直。网柱及其支撑物不得伸入场地内。不论是单打还是双打比赛，网柱都应放置在双打边线上。球网应由深色优质的细绳编织而成。网孔为均匀分布的方形，边长为 15～20mm。球网上下宽760mm，全长至少 6.1m。球网的上沿是用宽 75mm 的白带对折成的夹层，用绳索或钢丝从中穿过。夹层上沿必须紧贴绳索或钢丝。绳索或钢丝应牢固地拉紧，并与网柱顶端取平。从球场地面起至球网中央顶部应高 1.524m，双打边线处网高 1.55m。球网两端与网柱之间不应有空隙。必要时，应把球网两端与网柱系紧。

1. 球场的灯光

进行羽毛球活动时可以采用自然光或灯光，羽毛球训练或一般性群众羽毛球比赛时可采用自然光，重大比赛应采用灯光照明。

(1) 灯光的位置。理想的羽毛球比赛场地灯光应来自场地外两侧，在无法做到这一点时也要尽可能避免灯光从端线处照向对方场地的球员，以免球员抬头时因眼睛对着灯光而看不清球。

(2) 灯光的亮度。就比赛本身来说，大约 1000lx 的亮度就已足够。整个场地的亮度必须是均匀的。但在有电视转播的比赛时，球场的光线亮度就应满足电视摄像转播的需要。合理的灯光照明，应该是只有比赛场地内是有灯光集中照明，而场地四周的亮度应明显低于比赛场地内，更不允许场地外有灯光直射运动员。羽毛球比赛进行中是不允许任何人使用闪光灯照相的。

2. 场地四周墙壁的颜色

羽毛球比赛场地四周墙壁的颜色必须是深色的，特别是两端线外的背景(墙壁或广告)更不能是白色或浅色的。这是因为深色的背景能使运动员看清快速飞行的羽毛球，而白色和浅色的背景会使运动员难以看清快速飞行的球体。

3. 场内风力的控制

羽毛球球体很轻，飞行时易受风的影响，风力稍大时就要影响运动员水平的正常发挥。因此，在比赛时应关闭门窗，经常使用的出入口须设置门帘并挡住各风口。在比赛馆内气温很高必须开空调时，最好在赛前 1h 开启，比赛开始前 10min 就应关闭空调或将空调开至最弱，尽量减小场内空气对流的影响。

(二)羽毛球

球可由天然材料、人造材料或用混合材料制成。无论是何种材料制成的球，其飞行性能应与由天然羽毛与薄皮包裹软木球托制成的球的性能相似。

(1) 天然材料制成的球应由 16 根羽毛固定在球托上。每根羽毛从球托面至羽毛尖的长度统一为 62～70mm。羽毛顶端围成圆形，直径为 58～68mm。羽毛应用线或其他适宜材料扎牢。球托底部为球形，直径为 25～28mm，球重 4.74～5.50g。

(2) 非羽毛制成的球裙将由合成材料制成的仿真羽毛代替天然羽毛。球的尺寸和重量应同天然材料制成的球，但由于合成材料与天然羽毛在相对密度、性能上的差异，允许有不超过 10%的误差。

在因海拔或气候条件不适宜使用标准球的地方，只要球的一般样式、速度和飞行性能不变，经有关会员协会批准，可以变通以上规定。

(3) 球速的检验。验球时，运动员应在端线外用低手向前上方全力击球。球的飞行方向应与边线平行。符合标准速度的球，应落在场内距离对方端线 530～990mm 之间的区域内。标记尺寸为 40mm×40mm。

(三)羽毛球拍

球拍长不超过 680mm，宽不超过 230mm。拍柄是击球者通常握拍的部分。拍弦面是击球者通常用于击球的部分。拍头界定了拍弦面的范围。拍杆连接拍柄与拍头。连接喉(如有)连接拍杆与拍头。

拍弦面应是平的，用拍弦穿过拍头十字交叉或以其他形式编织而成。编织的式样应保持一致，尤其是拍弦面中央的编织密度，不得小于其他部分。拍弦面长不超过 280mm，宽不超过 220mm。拍弦可延伸进连接喉的区域。伸入拍弦区域的宽度不得超过 35mm，包括拍弦伸入区在内的拍弦面总长不得超过 330mm。

球拍不允许有附加物和突出部分，除非是为了防止磨损、断裂、振动或调整重心的附加物，或预防球拍脱手而将球拍柄系在手上的绳索，但其尺寸和位置必须合理。球拍上面不允许附加任何可能从本质上改变球拍形式的装置。

(四)设备的批准

有关球、球拍、设备以及试制品能否用于比赛等问题，由国际羽联裁定。这种裁定可由国际羽联主动做出，也可根据对其有切身利益的个人、团体(包括运动员、技术官员、设备厂商会员协会或其他成员)的申请而做出。

第四节　羽毛球比赛通用规程

一、比赛方法

羽毛球比赛一般采用单淘汰赛和单循环赛两种。有时也可以综合这两种比赛方法的优点，采用阶段赛方法，如第一阶段分组循环赛、第二阶段淘汰赛。

(一)单循环赛

参加比赛的运动员(对、队)之间轮流比赛一次，为单循环赛。

循环赛由于参加运动员(对、队)之间比赛的机会多，有利于相互学习、共同提高，能更为合理地赛出名次。但循环赛场数多，比赛时间长，使用场地数量也多，因此循环赛的人数(对、队)不宜过多。在人数(对、队)过多时，可采用分组循环赛的办法。采用分组循环赛时，一般以 4～6 人(对、队)为一组比较适宜。

1. 轮数和场数

在循环赛中，每一运动员(对、队)出场比赛一次，称为"一轮"。当人(对、队)数为偶数时，轮数=人(对、队)数-1；当人(对、队)数为奇数时，轮数=人(对、队)数。

$$场数=\frac{人(对、队)数×[人(对、队)数]}{2}$$

2. 顺序的确定

单循环赛常采用"1 号位固定逆时针轮转法"。如果一组中有同单位的运动员(对、队),应首先进行比赛。逆时针轮转法是 1 号位置固定不动,其他位置每轮逆时针方向轮转一个位置,即可排出下一轮比赛顺序。

例如,6 人(对、队)参加比赛的轮转法。

第一轮	第二轮	第三轮	第四轮	第五轮
1—6	1—5	1—4	1—3	1—2
2—5	6—4	5—3	4—2	3—6
3—4	2—3	6—2	5—6	4—5

比赛成绩记录表见表 6-1。

表 6-1　比赛成绩记录表

组　别		1 A	2 B	3 C	4 D	5 E	6 F	胜次	净胜	名次
1	A									
2	B									
3	C									
4	D									
5	E									
6	F									

当人(对、队)数为奇数时,用"0"补成偶数,然后按逆时针轮转排出各轮比赛顺序。其中遇到"0"者为轮空。

例如,5 人(对、队)参加比赛的轮转法。

第一轮	第二轮	第三轮	第四轮	第五轮
1—0	1—5	1—4	1—3	1—2
2—5	0—4	5—3	4—2	3—0
3—4	2—3	0—2	5—0	4—5

注：世界羽联循环比赛顺序确定方法如表 6-2 所列。

表 6-2　世界羽联循环比赛顺序

3组	4组	5组	6组
1V3	1V4	1V5	1V6
	2V3	2V4	2V4
2V3			3V5
	1V3	3V5	
1V2	2V4	1V4	1V4
			2V5
	3V4	2V5	3V6
	1V2	1V3	
			1V3
		4V5	2V6
		2V3	4V5
		3V4	1V5
		1V2	2V3
			4V6
			5V6
			3V4
			1V2

3. 决定名次的方法

循环赛名次确定方法如下。

1)　单项赛

(1)　按获胜场数定名次。

(2)　两名(对)运动员获胜场数相等，则两者间比赛的胜者名次列前。

(3)　3 名(对)或 3 名(对)以上运动员获胜场数相等，则按在该组比赛的净胜局数定名次。

(4)　计算净胜局数后，如还剩两名(对)运动员净胜局数相等，则两者间比赛的胜者名次列前。

(5)　计算净胜局数后，还剩 3 名(对)或 3 名(对)以上运动员净胜局数相等，则按在该组比赛的净胜分数定名次。

(6)　3 名(对)或 3 名(对)以上运动员获胜场数相同，净胜局数也相同，则按在该组比赛的净胜分数定名次。

(7)　计算净胜分数后，如还剩两名(对)运动员净胜分数相等，则两者间比赛的胜者名次列前。

(8)　如还有 3 名(对)或 3 名(对)以上运动员净胜分数相等，则以抽签定名次。

2) 团体赛

团体赛按以上办法，依胜次、净胜场数、净胜局数、净胜分数顺序计算成绩，乃至抽签定名次。

注：世界羽联批准的比赛，增加以下两条规定。

(1) 如果因伤、病被取消比赛资格或其他不可避免的原因使运动员(对)无法完成全部场次的比赛，确定名次时，其所有成绩不予计算。比赛进行中的弃权视为没有参加完全部循环赛。

(2) 如果运动员因伤退出比赛，按退出前的实际成绩给予相关奖励。

4. 分组循环赛与种子的分布

在参加人(对、队)数较多的情况下，为了不过多增加比赛的场数和延长比赛的日期，又能排定各队的名次，常采用分组循环赛的办法。组数确定后，可用抽签的方法进行分组，也可采用"蛇形排列方法"进行分组。如以团体赛 16 个队分成 4 组为例，则按以下分组：

第一组 1、8、9、16

第二组 2、7、10、15

第三组 3、6、11、14

第四组 4、5、12、13

以上数字是各队的顺序号，它是按照各队实力强弱排列的。也就是说，数字越小实力越强。

用抽签方法进行分组时，如仍以上述 16 个队为例，则须先确定 4 个或 8 个种子。把种子顺序排列出来，然后按上述"蛇形排列方法"或"抽签方法"进行分组。最后非种子队用抽签方法抽进各组。

(二)单淘汰赛

单淘汰赛由于比赛一轮淘汰 1/2 的运动员(对、队)，可使比赛的场数相对减少，所以在时间短、场地少的情况下，采用单淘汰赛能接受较多的运动员(对、队)参加比赛，并可使比赛逐步走向高潮，一轮比一轮紧张激烈。按体育竞赛的特点来说，淘汰赛是一种比较好的比赛方法。但由于负一场就被淘汰，所以大部分运动员或队(特别是实力比较弱的)参加比赛的机会较少，所产生的名次也不尽合理。

1. 轮数和场数

单淘汰赛的轮数等于或大于最接近运动员人(对、队)数的 2 的乘方数的指数，是 2 的几次方即为几轮。

$$场数=人(对、队)数-1+附加赛场数$$

2. 轮空位置的分布

当参加比赛的人(对、队)数为 4、8、16、32、64、128 或较大的 2 的乘方数时，应按比赛顺序成双相遇进行比赛，如图 6-11 所示。

当参加比赛的人(对、队)数不是 2 的乘方数时，第一轮应有轮空。轮空数等于下一个较大的 2 的乘方数减去比赛的人(对、队)数的差。轮空数为双数时，应平均分布在淘汰表的不同的 1/2 区、1/4 区、1/8 区、1/16 区(种子位置和轮空位置见汇总表)。如轮空位置为单数，则上半区比下半区多一个轮空。

例如，9 个单位参加比赛，轮空数为 16-9=7；3 个轮空在下半区，4 个轮空在上半区。这样，第一轮只有一场比赛。

5 人(对、队)比赛，2 个轮空在上半区，1 个轮空在下半区。

6 人(对、队)比赛，1 个轮空在上半区，1 个轮空在下半区。

7 人(对、队)比赛，1 个轮空在上半区。

8 人(对、队)比赛，没有轮空。

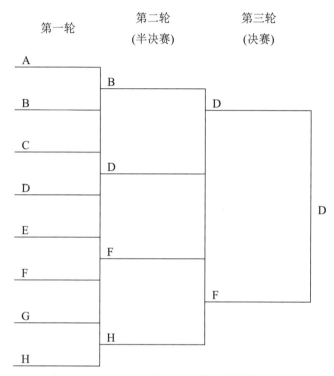

图 6-11　轮空位置的分布

9 人(对、队)比赛，4 个轮空在上半区，3 个轮空在下半区。

10 人(对、队)比赛，3 个轮空在上半区，3 个轮空在下半区。

11 人(对、队)比赛，3 个轮空在上半区，2 个轮空在下半区。

12 人(对、队)比赛，2 个轮空在上半区，2 个轮空在下半区。

13 人(对、队)比赛，2 个轮空在上半区，1 个轮空在下半区。

14 人(对、队)比赛，1 个轮空在上半区，1 个轮空在下半区。

15 人(对、队)比赛，1 个轮空在上半区。更多的人(对、队)数，以此类推。

3. 抽签方法

(1)　种子数规定如下。

64 或多于 64 个(对、队)以上选手参赛，最多设 16 个种子。

32～63 个(对、队)选手参赛，最多设 8 个种子。

16～31 个(对、队)选手参赛，最多设 4 个种子。

少于 16 个(对、队)选手参赛，设两个种子。

(2) 种子的抽签方法如下。

① 种子的位置如图 6-12 至图 6-15 淘汰表所示，上半区的在各区(如各 1/8 区或 1/16 区)的顶部，下半区的在各区的底部。

② 排名前二的两个种子应按以下规定进位。

1 号种子进入淘汰表的顶部。

2 号种子进入淘汰表的底部。

3～4 号种子抽签分别进入余下的两个 1/4 区。

5～8 号种子抽签分别进入余下的 1/8 区。

9～16 号种子抽签分别进入余下的 1/16 区。

同队种子的抽签同时必须符合同队运动员的抽签要求。

(3) 同队运动员的抽签方法如下。

同属一个队的运动员，应按均匀分布的原则，用以下办法依次抽进 1/2、1/4、1/8、…区。

第一、二号选手，分别进入不同的 1/2 区。

第三、四号选手，分别进入余下的 1/4 区。

第五至第八号选手，分别进入余下的 1/8 区。

同一队第九号以后的选手进入余下的任意 1/16 区。

注：对同队运动员的抽签世界羽联批准的比赛规定如下。

① 同一会员协会的第一、二号选手，分别进入不同的 1/2 区。

② 如可能，一个会员协会的选手不应在第一轮相遇。

(4) 应根据种子顺序调整协会报名的技术顺序，并根据调整后的技术顺序进行抽签。任何级别的比赛都要遵照这些规定执行。以 17 人(对、队)参加比赛为例。

比赛中第一轮上半区轮空位置为 2、4、6、8、10、12、14、16 号，下半区轮空位置应为 19、21、23、25、27、29、31 号。第一、二号种子分别定位在 1 号、32 号位，第三、四号种子用抽签分别进入 9 号和 24 号位。

以 33 人(对、队)参加比赛为例：第一、二号种子分别定位在 1 号、64 号位；第三、四号种子用抽签分别进入 17 号和 48 位；第五、六、七、八号种子用抽签分别进入 9 号、25 号、40 号、56 号位。

4. 附加赛

单淘汰赛只能产生第一、二名，如果比赛需要排出第一、二名以后的若干名次，需要另外再增加几场比赛，增加的这几场比赛称为附加赛。

5. 预赛

遇一个单项的参赛运动员超过正赛规定人(对、队)数时，建议竞赛组织者在竞赛委员会或裁判长监督下进行预赛。

(1) 未直接参加正赛的运动员，将参加竞赛组织者安排的旨在进入正赛规定位置的预赛。

(2) 建议在正式比赛的抽签位置中，每 8 个位置最多只能安排一个预赛出线的运动员。

(3) 正赛中为预赛出线选手预留的位置应抽签确定，正赛抽签应于预赛开始前进行并公布。

(4) 排名及技术水平作为直接进入正赛的依据。

(5) 在依据排名和调整排名以及参数排名，将参赛运动员抽签进入正赛淘汰表后，淘汰表仍有空位，需由无排名或调整排名和参数排名的运动员递补时，则按以下步骤进行填补：先抽单位，然后取该单位排名最高的运动员填补。

(6) 预赛也应进行种子确定和抽签。

(7) 有预赛的比赛，应事先排出递补正赛运动员的顺序。凡正式比赛中有运动员不能参加比赛时，即可依次递补。

(8) 预赛开始前如正赛中出现一个空位，应从参加预赛且排名列前的选手(对、队)递补进入这一位置。如果有一个以上空位则将递补选手抽签进位。

(9) 预赛开始后如有运动员(对、队)从正赛退出，可挑选在预赛中未输过的选手递补。必要时可停止一场正在进行的比赛。

(10) 抽签开始前提出的退赛应在准备抽签时予以考虑，并因此修改正赛和预赛抽签名单以及所有的递补名单。

(11) 从抽签直至领队会议前期间所提出的退赛应在领队会上根据第(8)条的规定处理。竞赛组织者应通知下一获得进入正赛或预赛抽签资格的运动员。

(12) 领队会后提出的退赛，由裁判长在退赛出现时处理(第(10)条所述)。

(13) 当空位按第(8)条的规定递补时，可不考虑同队队员分开的规定。

附：种子数、轮空数和其对应位置分布表、图(图 6-12 至图 6-15 和表 6-3)。

图 6-12 至图 6-15 是 128 人(对、队)参赛淘汰表的各个 1/4 区的种子和轮空位置分布图；

1～128 人(对、队)参赛时的种子数、轮空数和对应的位置号一览表参见表 6-3。

羽毛球运动教学与训练选修课教程

图 6-12 1/4 区种子和轮空位置分布图(世界羽联制)

图 6-13 2/4 区种子和轮空位置分布图(世界羽联制)

图 6-14 3/4 区种子和轮空位置分布图(世界羽联制)

图 6-15　4/4 区种子和轮空位置分布图(世界羽联制)

表6-3　(1～128)参赛的种子数、轮空数和其对应的位置分布表

参赛数	种子数	1号种子位置	2号种子位置	3,4号种子位置	5-8号种子位置	9-16号种子位置	轮空数	轮空位置分布
3	2	1	4	——	——	——	1	2
4	2	1	4	——	——	——	0	
5	2	1	8	——	——	——	3	2　4　7
6	2	1	8	——	——	——	2	2　7
7	2	1	8	——	——	——	1	2
8	2	1	8	——	——	——	0	
9	2	1	16	——	——	——	7	2　4　6　8　11　13　15
10	2	1	16	——	——	——	6	2　4　6　　　11　13　15
11	2	1	16	——	——	——	5	2　4　6　　　11　　　15
12	2	1	16	——	——	——	4	2　　　6　　　11　　　15
13	2	1	16	——	——	——	3	2　　　6　　　　　　　15
14	2	1	16	——	——	——	2	2　　　　　　　　　　　15
15	2	1	16	——	——	——	1	2
16	4	1	16	5, 12	——	——	0	
17	4	1	32	9, 24	——	——	15	2, 4, 6, 8, 10, 12, 14, 16,　　19, 21, 23, 25, 27, 29, 31
18	4	1	32	9, 24	——	——	14	2, 4, 6, 8, 10, 12, 14,　　19, 21, 23, 25, 27, 29, 31
19	4	1	32	9, 24	——	——	13	2, 4, 6, 8, 10, 12, 14,　　19, 21, 23,　　27, 29, 31
20	4	1	32	9, 24	——	——	12	2, 4, 6,　　10, 12, 14,　　19, 21, 23,　　27, 29, 31
21	4	1	32	9, 24	——	——	11	2, 4, 6,　　10, 12, 14,　　19,　　23,　　27, 29, 31
22	4	1	32	9, 24	——	——	10	2, 4, 6,　　10,　　14,　　19,　　23,　　27, 29, 31
23	4	1	32	9, 24	——	——	9	2, 4, 6,　　10,　　14,　　19,　　23,　　27,　　31
24	4	1	32	9, 24	——	——	8	2,　　6,　　10,　　14,　　19,　　23,　　27,　　31
25	4	1	32	9, 24	——	——	7	2,　　6,　　10,　　14,　　23,　　27,　　31
26	4	1	32	9, 24	——	——	6	2,　　6,　　10,　　23,　　27,　　31
27	4	1	32	9, 24	——	——	5	2,　　6,　　23,　　31
28	4	1	32	9, 24	——	——	4	2,　　10,　　23,　　31
29	4	1	32	9, 24	——	——	3	2,　　10,　　31
30	4	1	32	9, 24	——	——	2	2,　　31
31	4	1	32	9, 24	——	——	1	2,
32	8	1	32	9, 24	5, 13 20, 28	——	0	——
33	8	1	64	17, 48	9, 25 40, 56	——	31	2, 4, 6, 8, 10, 12, 14, 16,　　18, 20, 22, 24, 26, 28, 30, 32 35, 37, 39, 41, 43, 45, 47,　　49, 51, 53, 55, 57, 59, 61, 63
34	8	1	64	17, 48	9, 25 40, 56	——	30	2, 4, 6, 8, 10, 12, 14, 16,　　18, 20, 22, 24, 26, 28, 30, 35, 37, 39, 41, 43, 45, 47,　　49, 51, 53, 55, 57, 59, 61, 63
35	8	1	64	17, 48	9, 25 40, 56	——	29	2, 4, 6, 8, 10, 12, 14, 16,　　18, 20, 22, 24, 26, 28, 30, 35, 37, 39, 41, 43, 45, 47,　　51, 53, 55, 57, 59, 61, 63
36	8	1	64	17, 48	9, 25 40, 56	——	28	2, 4, 6, 8, 10, 12, 14,　　18, 20, 22, 24, 26, 28, 30, 35, 37, 39, 41, 43, 45, 47,　　51, 53, 55, 57, 59, 61, 63
37	8	1	64	17, 48	9, 25 40, 56	——	27	2, 4, 6, 8, 10, 12, 14,　　18, 20, 22, 24, 26, 28, 30, 35, 37, 39,　　43, 45, 47,　　51, 53, 55, 57, 59, 61, 63
38	8	1	64	17, 48	9, 25 40, 56	——	26	2, 4, 6, 8, 10, 12, 14,　　18, 20, 22,　　26, 28, 30, 35, 37, 39,　　43, 45, 47,　　51, 53, 55, 57, 59, 61, 63
39	8	1	64	17, 48	9, 25 40, 56	——	25	2, 4, 6, 8, 10, 12, 14,　　18, 20, 22,　　26, 28, 30, 35, 37, 39,　　43, 45, 47,　　51, 53, 55,　　59, 61, 63
40	8	1	64	17, 48	9, 25 40, 56	——	24	2, 4, 6,　　10, 12, 14,　　18, 20, 22,　　26, 28, 30, 35, 37, 39,　　43, 45, 47,　　51, 53, 55,　　59, 61, 63
41	8	1	64	17, 48	9, 25 40, 56	——	23	2, 4, 6,　　10, 12, 14,　　18, 20, 22,　　26, 28, 30, 35,　　39,　　43, 45, 47,　　51, 53, 55,　　59, 61, 63
42	8	1	64	17, 48	9, 25 40, 56	——	22	2, 4, 6,　　10, 12, 14,　　18, 20, 22,　　26,　　30, 35,　　39,　　43, 45, 47,　　51, 53, 55,　　59, 61, 63
43	8	1	64	17, 48	9, 25 40, 56	——	21	2, 4, 6,　　10, 12, 14,　　18, 20, 22,　　26,　　30, 35,　　39,　　43, 45, 47,　　51,　　55,　　59, 61, 63

续表

参赛数	种子数	1号种子位置	2号种子位置	3,4号种子位置	5-8号种子位置	9-16号种子位置	轮空数	轮空位置分布
44	8	1	64	17,48	9,25 40,56	——	20	2,4,6, 10, 14, 18,20,22, 26, 30, 35, 39, 43,45,47, 51, 55, 59,61,63
45	8	1	64	17,48	9,25 40,56	——	19	2,4,6, 10, 14, 18,20,22, 26, 30, 35, 39, 43, 47, 51, 55, 59,61,63
46	8	1	64	17,48	9,25 40,56	——	18	2,4,6, 10, 14, 18, 22, 26, 30, 35, 39, 43, 47, 51, 55, 59,61,63
47	8	1	64	17,48	9,25 40,56	——	17	2,4,6, 10, 14, 18, 22, 26, 30, 35, 39, 43, 47, 51, 55, 63
48	8	1	64	17,48	9,25 40,56	——	16	2, 6, 10, 14, 18, 22, 26, 30, 35, 39, 43, 47, 51, 55, 59, 63
49	8	1	64	17,48	9,25 40,56	——	15	2 6 10 14 18 22 26 30 39 43 47 51 55 59 63
50	8	1	64	17,48	9,25 40,56	——	14	2 6 10 14 18 22 26 39 43 47 51 55 59 63
51	8	1	64	17,48	9,25 40,56	——	13	2 6 10 14 18 22 26 39 43 47 55 59 63
52	8	1	64	17,48	9,25 40,56	——	12	2 6 10 18 22 26 39 43 47 55 59 63
53	8	1	64	17,48	9,25 40,56	——	11	2 6 10 18 22 26 39 47 55 59 63
54	8	1	64	17,48	9,25 40,56	——	10	2 6 10 18 26 39 47 55 63
55	8	1	64	17,48	9,25 40,56	——	9	2 6 10 18 26 39 47 55 63
56	8	1	64	17,48	9,25 40,56	——	8	2 10 18 26 39 47 55 63
57	8	1	64	17,48	9,25 40,56	——	7	2 10 18 26 47 55 63
58	8	1	64	17,48	9,25 40,56	——	6	2 10 18 47 55 63
59	8	1	64	17,48	9,25 40,56	——	5	2 10 18 47 63
60	8	1	64	17,48	9,25 40,56	——	4	2 18 47 63
61	8	1	64	17,48	9,25 40,56	——	3	2 18 63
62	8	1	64	17,48	9,25 40,56	——	2	2 63
63	8	1	64	17,48	9,25 40,56	——	1	2
64	16	1	64	17,48	9,25 40,56	——	0	
65	16	1	128	33,96	17,49, 80,112	9,25,41, 57,72,88, 104,120	63	2,4,6,8,10,12,14,16 18,20,22,24,26,28,30,32 34,36,38,40,42,44,46,48 50,52,54,56,58,60,62,64, 67,69,71,73,75,77,79
66	16	1	128	33,96	17,49, 80,112	9,25,41, 57,72,88, 104,120	62	2,4,6,8,10,12,14,16 18,20,22,24,26,28,30,32 34,36,38,40,42,44,46,48 50,52,54,56,58,60,62, 67,69,71,73,75,77,79
67	16	1	128	33,96	17,49, 80,112	9,25,41, 57,72,88, 104,120	61	2,4,6,8,10,12,14,16 18,20,22,24,26,28,30,32 34,36,38,40,42,44,46,48 50,52,54,56,58,60,62, 67,69,71,73,75,77,79
68	16	1	128	33,96	17,49, 80,112	9,25,41, 57,72,88, 104,120	60	2,4,6,8,10,12,14,16 18,20,22,24,26,28,30, 34,36,38,40,42,44,46,48 50,52,54,56,58,60,62, 67,69,71,73,75,77,79
69	16	1	128	33,96	17,49, 80,112	9,25,41, 57,72,88, 104,120	59	2,4,6,8,10,12,14,16 18,20,22,24,26,28,30, 34,36,38,40,42,44,46,48 50,52,54,56,58,60,62, 67,69,71,73,75,77,79

续表

参赛数	种子数	1号种子位置	2号种子位置	3,4号种子位置	5-8号种子位置	9-16号种子位置	轮空数	轮空位置分布
70	16	1	128	33, 96	17, 49, 80, 112	9, 25, 41, 57, 72, 88, 104, 120	58	2, 4, 6, 8, 10, 12, 14, 16 18, 20, 22, 24, 26, 28, 30, 34, 36, 38, 40, 42, 44, 46, 50, 52, 54, 56, 58, 60, 62, 67, 69, 71, 73, 75, 77, 79 83, 85, 87, 89, 91, 93, 95
71	16	1	128	33, 96	17, 49, 80, 112	9, 25, 41, 57, 72, 88, 104, 120	57	2, 4, 6, 8, 10, 12, 14, 16 18, 20, 22, 24, 26, 28, 30, 34, 36, 38, 40, 42, 44, 46, 50, 52, 54, 56, 58, 60, 62, 67, 69, 71, 73, 75, 77, 79 83, 85, 87, 89, 91, 93, 95
72	16	1	128	33, 96	17, 49, 80, 112	9, 25, 41, 57, 72, 88, 104, 120	56	2, 4, 6, 8, 10, 12, 14, 18, 20, 22, 24, 26, 28, 30, 34, 36, 38, 40, 42, 44, 46, 50, 52, 54, 56, 58, 60, 62, 67, 69, 71, 73, 75, 77, 79 83, 85, 87, 89, 91, 93, 95
73	16	1	128	33, 96	17, 49, 80, 112	9, 25, 41, 57, 72, 88, 104, 120	55	2, 4, 6, 8, 10, 12, 14, 18, 20, 22, 24, 26, 28, 30, 34, 36, 38, 40, 42, 44, 46, 50, 52, 54, 56, 58, 60, 62, 67, 69, 71, 75, 77, 79 83, 85, 87, 89, 91, 93, 95
74	16	1	128	33, 96	17, 49, 80, 112	9, 25, 41, 57, 72, 88, 104, 120	54	2, 4, 6, 8, 10, 12, 14, 18, 20, 22, 24, 26, 28, 30, 34, 36, 38, 40, 42, 44, 46, 50, 52, 54, 58, 60, 62, 67, 69, 71, 75, 77, 79 83, 85, 87, 89, 91, 93, 95
75	16	1	128	33, 96	17, 49, 80, 112	9, 25, 41, 57, 72, 88, 104, 120	53	2, 4, 6, 8, 10, 12, 14, 18, 20, 22, 24, 26, 28, 30, 34, 36, 38, 40, 42, 44, 46, 50, 52, 54, 58, 60, 62, 67, 69, 71, 75, 77, 79 83, 85, 87, 89, 91, 93, 95
76	16	1	128	33, 96	17, 49, 80, 112	9, 25, 41, 57, 72, 88, 104, 120	52	2, 4, 6, 8, 10, 12, 14, 18, 20, 22, 26, 28, 30, 34, 36, 38, 40, 42, 44, 46, 50, 52, 54, 58, 60, 62, 67, 69, 71, 75, 77, 79 83, 85, 87, 89, 91, 93, 95
77	16	1	128	33, 96	17, 49, 80, 112	9, 25, 41, 57, 72, 88, 104, 120	51	2, 4, 6, 8, 10, 12, 14, 18, 20, 22, 26, 28, 30, 34, 36, 38, 40, 42, 44, 46, 50, 52, 54, 58, 60, 62, 67, 69, 71, 75, 77, 79 83, 85, 87, 91, 93, 95
78	16	1	128	33, 96	17, 49, 80, 112	9, 25, 41, 57, 72, 88, 104, 120	50	2, 4, 6, 8, 10, 12, 14, 18, 20, 22, 26, 28, 30, 34, 36, 38, 42, 44, 46, 50, 52, 54, 58, 60, 62, 67, 69, 71, 75, 77, 79 83, 85, 87, 91, 93, 95
79	16	1	128	33, 96	17, 49, 80, 112	9, 25, 41, 57, 72, 88, 104, 120	49	2, 4, 6, 8, 10, 12, 14, 18, 20, 22, 26, 28, 30, 34, 36, 38, 42, 44, 46, 50, 52, 54, 58, 60, 62, 67, 69, 71, 75, 77, 79 83, 85, 87, 91, 93, 95
80	16	1	128	33, 96	17, 49, 80, 112	9, 25, 41, 57, 72, 88, 104, 120	48	2, 4, 6, 10, 12, 14, 18, 20, 22, 26, 28, 30, 34, 36, 38, 42, 44, 46, 50, 52, 54, 58, 60, 62, 67, 69, 71, 75, 77, 79 83, 85, 87, 91, 93, 95
81	16	1	128	33, 96	17, 49, 80, 112	9, 25, 41, 57, 72, 88, 104, 120	47	2, 4, 6, 10, 12, 14, 18, 20, 22, 26, 28, 30, 34, 36, 38, 42, 44, 46, 50, 52, 54, 58, 60, 62, 69, 71, 75, 77, 79 83, 85, 87, 91, 93, 95
82	16	1	128	33, 96	17, 49, 80, 112	9, 25, 41, 57, 72, 88, 104, 120	46	2, 4, 6, 10, 12, 14, 18, 20, 22, 26, 28, 30, 34, 36, 38, 42, 44, 46, 50, 52, 54, 58, 60, 69, 71, 75, 77, 79 83, 85, 87, 91, 93, 95
83	16	1	128	33, 96	17, 49, 80, 112	9, 25, 41, 57, 72, 88, 104, 120	45	2, 4, 6, 10, 12, 14, 18, 20, 22, 26, 28, 30, 34, 36, 38, 42, 44, 46, 50, 52, 54, 58, 60, 69, 71, 75, 77, 79 83, 85, 87, 91, 93, 95
84	16	1	128	33, 96	17, 49, 80, 112	9, 25, 41, 57, 72, 88, 104, 120	44	2, 4, 6, 10, 12, 14, 18, 20, 22, 26, 28, 34, 36, 38, 42, 44, 46, 50, 52, 54, 58, 60, 69, 71, 75, 77, 79 83, 85, 87, 91, 93, 95
85	16	1	128	33, 96	17, 49, 80, 112	9, 25, 41, 57, 72, 88, 104, 120	43	2, 4, 6, 10, 12, 14, 18, 20, 22, 26, 28, 34, 36, 38, 42, 44, 46, 50, 52, 54, 58, 60, 69, 71, 75, 77, 79 85, 87, 91, 93, 95
86	16	1	128	33, 96	17, 49, 80, 112	9, 25, 41, 57, 72, 88, 104, 120	42	2, 4, 6, 10, 12, 14, 18, 20, 22, 26, 28, 34, 36, 38, 42, 44, 50, 52, 54, 58, 60, 69, 71, 75, 77, 79 85, 87, 91, 93, 95
87	16	1	128	33, 96	17, 49, 80, 112	9, 25, 41, 57, 72, 88, 104, 120	41	2, 4, 6, 10, 12, 14, 18, 20, 22, 26, 28, 34, 36, 38, 42, 44, 50, 52, 54, 58, 60, 69, 71, 75, 77, 79 85, 87, 91, 93, 95
88	16	1	128	33, 96	17, 49, 80, 112	9, 25, 41, 57, 72, 88, 104, 120	40	2, 4, 6, 10, 12, 18, 20, 22, 26, 28, 34, 36, 38, 42, 44, 50, 52, 54, 58, 60, 69, 71, 75, 77, 79 85, 87, 91, 93, 95
89	16	1	128	33, 96	17, 49, 80, 112	9, 25, 41, 57, 72, 88, 104, 120	39	2, 4, 6, 10, 12, 18, 20, 22, 26, 28, 34, 36, 38, 42, 44, 50, 52, 54, 58, 60, 69, 71, 77, 79 85, 87, 91, 93, 95

续表

参赛数	种子数	1号种子位置	2号种子位置	3,4号种子位置	5-8号种子位置	9-16号种子位置	轮空数	轮空位置分布
90	16	1	128	33,96	17,49,80,112	9,25,41,57,72,88,104,120	38	2,4,6, 10,12, 18,20,22, 26,28, 34,36,38, 42,44, 50,52, 58,60, 69,71, 77,79 85,87, 91,93,95
91	16	1	128	33,96	17,49,80,112	9,25,41,57,72,88,104,120	37	2,4,6, 10,12, 18,20,22, 26,28, 34,36,38, 42,44, 50,52, 58,60, 69,71, 77,79 85,87, 91,93,95
92	16	1	128	33,96	17,49,80,112	9,25,41,57,72,88,104,120	36	2,4,6, 10,12, 18,20, 26,28, 34,36,38, 42,44, 50,52, 58,60, 69,71, 77,79 85,87, 91,93,95
93	16	1	128	33,96	17,49,80,112	9,25,41,57,72,88,104,120	35	2,4,6, 10,12, 18,20, 26,28, 34,36,38, 42,44, 50,52, 58,60, 69,71, 77,79 85,87, 93,95
94	16	1	128	33,96	17,49,80,112	9,25,41,57,72,88,104,120	34	2,4,6, 10,12, 18,20, 26,28, 34,36, 42,44, 50,52, 58,60, 69,71, 77,79 85,87, 93,95
95	16	1	128	33,96	17,49,80,112	9,25,41,57,72,88,104,120	33	2,4,6, 10,12, 18,20, 26,28, 34,36, 42,44, 50,52, 58,60, 69,71, 77,79 85,87, 93,95
96	16	1	128	33,96	17,49,80,112	9,25,41,57,72,88,104,120	32	2,4, 10,12, 18,20, 26,28, 34,36, 42,44, 50,52,58, 60, 69,71,77,79 85,87,93,95 101,103,109,111 117,119,125,127
97	16	1	128	33,96	17,49,80,112	9,25,41,57,72,88,104,120	31	2,4, 10,12, 18,20,26,28, 34,36,42,44, 50,52,58, 60, 71,77,79 85,87,93,95 101,103,109,111 117,119,125,127
98	16	1	128	33,96	17,49,80,112	9,25,41,57,72,88,104,120	30	2,4, 10,12, 18,20,26,28, 34,36,42,44, 50,52,58, 71,77,79 85,87,93,95 101,103,109,111 117,119,125,127
99	16	1	128	33,96	17,49,80,112	9,25,41,57,72,88,104,120	29	2,4,10,12, 18,20,26,28, 34,36,42,44, 50,52,58, 71,77,79 85,87,93,95 103,109,111 117,119,125,127
100	16	1	128	33,96	17,49,80,112	9,25,41,57,72,88,104,120	28	2,4,10,12, 18,20,26, 34,36,42,44, 50,52,58, 71,77,79 85,87,93,95 103,109,111 117,119,125,127
101	16	1	128	33,96	17,49,80,112	9,25,41,57,72,88,104,120	27	2,4,10,12, 18,20,26, 34,36,42,44, 50,52,58, 71,77,79 87,93,95 103,109,111 117,119,125,127
102	16	1	128	33,96	17,49,80,112	9,25,41,57,72,88,104,120	26	2,4,10,12, 18,20,26, 34,36,42, 50,52,58, 71,77,79 87,93,95 103,109,111 117,119,125,127
103	16	1	128	33,96	17,49,80,112	9,25,41,57,72,88,104,120	25	2,4,10,12, 18,20,26, 34,36,42, 50,52,58, 71,77,79 87,93,95 103,109,111 119,125,127
104	16	1	128	33,96	17,49,80,112	9,25,41,57,72,88,104,120	24	2,4,10, 18,20,26, 34,36,42, 50,52,58, 71,77,79 87,93,95 103,109,111 119,125,127
105	16	1	128	33,96	17,49,80,112	9,25,41,57,72,88,104,120	23	2,4,10, 18,20,26, 34,36,42, 50,52,58, 71,79 87,93,95 103,109,111 119,125,127
106	16	1	128	33,96	17,49,80,112	9,25,41,57,72,88,104,120	22	2,4,10, 18,20,26, 34,36,42, 50,58, 71,79 87,93,95 103,109,111 119,125,127
107	16	1	128	33,96	17,49,80,112	9,25,41,57,72,88,104,120	21	2,4,10, 18,20,26, 34,36,42, 50,58, 71,79 87,93,95 103, 111 119,125,127
108	16	1	128	33,96	17,49,80,112	9,25,41,57,72,88,104,120	20	2,4,10, 18, 26, 34,36,42, 50,58, 71,79 87,93,95 103, 111 119,125,127
109	16	1	128	33,96	17,49,80,112	9,25,41,57,72,88,104,120	19	2,4,10, 18, 26, 34,36,42, 50,58, 71,79 87, 95 103, 111 119,125,127

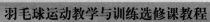

续表

参赛数	种子数	1号种子位置	2号种子位置	3,4号种子位置	5-8号种子位置	9-16号种子位置	轮空数	轮空位置分布
110	16	1	128	33,96	17,49,80,112	9,25,41,57,72,88,104,120	18	2, 4, 10, 18, 26, 34, 42, 50, 58, 71, 79, 87, 95, 103, 111, 119, 125, 127
111	16	1	128	33,96	17,49,80,112	9,25,41,57,72,88,104,120	17	2, 4, 10, 18, 26, 34, 42, 50, 58, 71, 79, 87, 95, 103, 111, 119, 127
112	16	1	128	33,96	17,49,80,112	9,25,41,57,72,88,104,120	16	2, 10, 18, 26, 34, 42, 50, 58, 71, 79, 87, 95, 103, 111, 119, 127
113	16	1	128	33,96	17,49,80,112	9,25,41,57,72,88,104,120	15	2, 10, 18, 26, 34, 42, 50, 58, 79, 87, 95, 103, 111, 119, 127
114	16	1	128	33,96	17,49,80,112	9,25,41,57,72,88,104,120	14	2, 10, 18, 26, 34, 42, 50, 79, 87, 95, 103, 111, 119, 127
115	16	1	128	33,96	17,49,80,112	9,25,41,57,72,88,104,120	13	2, 10, 18, 26, 34, 42, 50, 79, 87, 95, 111, 119, 127
116	16	1	128	33,96	17,49,80,112	9,25,41,57,72,88,104,120	12	2, 10, 18, 34, 42, 50, 79, 87, 95, 111, 119, 127
117	16	1	128	33,96	17,49,80,112	9,25,41,57,72,88,104,120	11	2, 10, 18, 34, 42, 50, 79, 95, 111, 119, 127
118	16	1	128	33,96	17,49,80,112	9,25,41,57,72,88,104,120	10	2, 10, 18, 34, 50, 79, 95, 111, 119, 127
119	16	1	128	33,96	17,49,80,112	9,25,41,57,72,88,104,120	9	2, 10, 18, 34, 50, 79, 95, 111, 127
120	16	1	128	33,96	17,49,80,112	9,25,41,57,72,88,104,120	8	2, 18, 34, 50, 79, 95, 111, 127
121	16	1	128	33,96	17,49,80,112	9,25,41,57,72,88,104,120	7	2, 18, 34, 50, 95, 111, 127
122	16	1	128	33,96	17,49,80,112	9,25,41,57,72,88,104,120	6	2, 18, 34, 95, 111, 127
123	16	1	128	33,96	17,49,80,112	9,25,41,57,72,88,104,120	5	2, 18, 34, 95, 127
124	16	1	128	33,96	17,49,80,112	9,25,41,57,72,88,104,120	4	2, 34, 95, 127
125	16	1	128	33,96	17,49,80,112	9,25,41,57,72,88,104,120	3	2, 34, 127
126	16	1	128	33,96	17,49,80,112	9,25,41,57,72,88,104,120	2	2, 127
127	16	1	128	33,96	17,49,80,112	9,25,41,57,72,88,104,120	1	2,
128	16	1	128	33,96	17,49,80,112	9,25,41,57,72,88,104,120	0	——

二、确定"种子"的原则

(1)　"种子"是根据排名和技术水平确定的，应是本项目当时最好的选手。技术水平主要看运动员在各级比赛中所取得的成绩，如世界锦标赛、洲比赛或大型国际比赛的成绩，以及全国比赛的成绩和其他比赛的成绩等。考虑比赛成绩时，要以最近的比赛和所参加的高级大型比赛的成绩为主，远的服从近的，低的服从高的。在双打比赛中确定"种子"时，除依据上述原则外，还可参考单打比赛或其中一人的双打成绩。举办比赛的有关委员会可对确定"种子"的原则做补充规定。

(2)　世界羽联对运动员排名和"种子"确定另有规定。

(3)　中国羽协对运动员排名和"种子"确定另有规定。

三、报名顺序

参赛单位应根据排名和技术水平排列运动员的报名顺序。必要时，竞委会有权调整报名顺序。

四、抽签变更和运动员替补

(1)　竞委会或裁判长，不应允许对所公布的各项抽签结果进行更改，以下情况除外。

①　在控制报名时或抽签时出错，且该项目比赛未开始。

②　一名运动员在其第一场比赛开始前因生病、受伤或不可预见的原因不能参赛。

③　替补运动员(对)应是非种子或种子批次不高于被替换运动员(对)。种子批次分别为1号和2号、3号和4号、5~8号和9~16号。

(2)　按《规则》1.1 至 1.3 替补，单打只允许由来自同单位的运动员替补，原运动员不得再参加该赛事的任何项目比赛。

(3)　按《规则》1.1 至 1.3 替补，双打只允许以下情况。

①　双打剩下的一名运动员可以与任何单位的运动员配对，但不能影响其他双打配对。

②　来自一个单位的双打可以由同单位的新配对替补。

③　如果因受《规则》1.2 影响，两对配对双方各只剩下一名运动员，则剩下的两名运动员可搭配成一对。如原配对抽签位置是轮空，则替补的新配对应该进入该位置；否则应用抽签定位。

④　①~③所规定的替补应优先于⑤和⑥规定的位置调换来考虑。

⑤　一名(对)运动员如果输了一场比赛则没有资格再参加该赛事中该项目的比赛。

⑥　在循环赛中，裁判长可允许因伤病或其他无法避免的原因不能比赛的运动员被替补，但替补必须在该名(对)运动员第一场比赛开始前。一旦比赛开始，则不能替补。

⑦　一场比赛中的弃权不应视为退赛。在一个赛事中，对有运动员"未出场比赛"的某场比赛，应判对方不战而胜，且不应影响"未出场比赛"的运动员(对)参加同一赛事其他项目的比赛；但对"未出场比赛"的处罚要高于退赛，且将在已有的退赛处罚之上追加处罚。

⑧ 如果抽签后由于运动员退赛，出现正赛抽签结果严重不平衡的特殊情况，而该项目又无预赛且该正赛比赛还未开始，则裁判长可以对其重新抽签。

⑨ 预赛开始前出现预赛抽签不平衡，裁判长有权对其进行重新抽签。

五、竞赛日程安排

竞赛日程安排通常有两种形式。

1. 分节

将比赛安排在上午、下午和晚上进行。在条件许可时，每天的比赛最好安排两节，即在上午和晚上进行。

2. 不分节

只设定每天比赛的开始时间，比赛按场序连续进行，直至当日比赛全部结束。

竞赛日程安排，在确保运动员合理负担量的前提下，应尽量提高场地的利用率，缩短比赛天数。每个项目的轮数多于天数时，最初几天多安排轮次。

(1) 若比赛既有团体赛，又有单项赛，则团体赛应在单项比赛开始之前结束。

(2) 在条件许可的情况下，比赛日程中应安排一天休息。最好安排在团体赛和单项赛之间，或安排在第一阶段比赛和第二阶段比赛之间。

(3) 在单项比赛中，每名运动员一天内不应安排超过 6 场比赛，而且同一个项目的比赛不应超过 3 场；在一节比赛中，不应安排超过 3 场，同一项目的比赛不应超过 2 场。

(4) 在团体赛中，每个队一天内不应安排超过两次五场制的团体赛；一节中不应安排超过一次五场制的团体赛。

(5) 若遇特殊情况，经竞赛主办单位同意，可不受此限制。

(6) 在世界羽联批准的比赛中，不论世界羽联有无任命代表到场，都不允许要求运动员在其上一场比赛结束后 30min 内开始另一场比赛。当比赛在天气比较热、湿度比较高的条件下进行时，可以允许适当延长间歇时间。

六、兴奋剂检测

参加羽毛球比赛的运动员，必须遵守反兴奋剂法规，严禁使用兴奋剂。

附录 相关资料

附录 A　主裁判临场规范用语

主裁判应用本规范用语控制一场比赛。

1. 宣报及介绍

女士们、先生们：

单项赛单打：在我右边……(运动员姓名)，在我左边……(运动员姓名)。

单项赛双打：在我右边……(双打运动员姓名)，在我左边…… (双打运动员姓名)。

团体赛单打：在我右边……(队名)……(运动员姓名)，在我左边……(队名)……(运动员姓名)。

团体赛双打：在我右边……(队名)……(双打运动员姓名)，在我左边……(队名)……(双打运动员姓名)。

……(队名)发球。

……(运动员姓名)发球，……(运动员姓名)接发球。

2. 比赛开始及报分

比赛开始，0 比 0。

换发球。

局点，……比……

场点，……比……

第一局……(运动员姓名，团体赛用队名)胜，…… (比分)。

第二局……(运动员姓名，团体赛用队名)胜，…… (比分)。

……号场地20秒。

局数 1 比 1。

11 比……间歇。

决胜局。

3. 一般用语

- 准备好了吗?
- 到这里来。
- 这个球可以吗?
- 试球。
- 换球。
- 不换球。
- 重发球。
- 交换场区。
- 发球方位错误。
- 发球顺序错误。
- 接发球顺序错误。
- 不得改变球形。
- 球触到你。
- 触网。
- 站错区。
- 分散对方注意力。
- 两次击球。
- 拖带球。
- 侵入对方场区。
- 妨碍对方。
- 你要弃权吗?
- ×××(运动员姓名)接发球违例。
- 发球违例。
- 延误发球,比赛必须连续。
- 比赛暂停。
- 警告,×××(运动员姓名)行为不端。
- 违例,×××(运动员姓名)行为不端。
- 违例。
- 界外。
- 司线员,做手势。
- 发球裁判,做手势。
- 擦地板。

4. 比赛结束

比赛结束……(运动员姓名/队名)胜,……(各局比分)

……(运动员姓名/队名),弃权。

……(运动员姓名/队名),取消比赛资格。

附录 B　比 赛 用 表

1. 羽毛球团体赛出场名单表(见表 B-1)

表 B-1　(　　)子团体赛出场名单

组别＿＿＿＿＿　日期＿＿＿＿＿　时间＿＿＿＿＿　场号＿＿＿＿

＿＿＿＿＿＿＿＿＿＿＿队 对 ＿＿＿＿＿＿＿＿＿＿＿队

顺　序	运动员姓名

队名＿＿＿＿＿＿＿＿＿＿＿　教练员签字＿＿＿＿＿＿＿

2. 混合团体赛出场名单表(见表 B-2)

表 B-2　混合团体赛出场名单

组别＿＿＿＿＿　日期＿＿＿＿＿　时间＿＿＿＿＿　场号＿＿＿＿

＿＿＿＿＿＿＿＿＿＿＿队 对 ＿＿＿＿＿＿＿＿＿＿＿队

顺　序	运动员姓名
男子单打	
女子单打	
男子双打	
女子双打	
混合双打	

队名＿＿＿＿＿＿＿＿＿＿＿　教练员签字＿＿＿＿＿＿＿

3. 羽毛球团体赛记分表(见表 B-3)

表 B-3 （   ）团体赛记分表

阶段	组别(位置号)	日期	时间	场号

_____队

对

_____队

姓 名 \ 单 位 \ 项 目	队	队	每局比分			每场 结果	裁判员 签 名
			1	2	3		
1			/	/	/		
2			/	/	/		
3			/	/	/		
4			/	/	/		
5			/	/	/		

比赛结果_____获胜队_____

第___裁判组长签名_____

4. 羽毛球比赛记分表(见表 B-4)

表 B-4 羽毛球比赛记分表

比赛名称 _____
项 目 _____
场 号 _____
日 期 _____

对

开 始 _____
结 束 _____
裁 判 员 _____
发球裁判员 _____

胜者 _____

比分 _____

裁判员签名 _____

裁判长签名 _____

附录 C　羽毛球专业术语中英文对照

女士们、先生们：

在我右边，…(运动员姓名)，…(国名)；在我左边，…(运动员姓名)，…(国名)。…(运动员姓名)发球，…(运动员姓名)接发球。

Ladies and Gentlemen：

On my right，…(player name)，…(country name)；and on my left，…(player name)，…(country name). …(player name)will serve to …(player name).

Badminton 羽毛球(运动)

1. 羽毛球器材用语

racket，bat 球拍

racket head　球拍前部(包括拍框和拍面)

face of racket，racket face 拍面

frame of racket 拍框

handle of racket 拍柄

shaft 拍杆

throat 拍颈

shuttle，shuttlecock 羽毛球

feather 羽毛

cork base 球托(羽毛球的软木部分)

crown of feathers 羽毛圈(羽毛球的羽毛部分)

broken shuttle 坏球

plastic shuttle 塑料羽毛球

net posts 网柱

net 网

post measuring stick 量网尺

stopwatch 秒表

score pad/clipboard 记分表垫板/夹板

measuring tape 卷尺

umpire's chair 裁判椅

hinged writing platform 折页写字板

service judge's chair 发球裁判椅

line judges' chairs 司线裁判椅

boxes for used shuttlecocks 旧球箱

interval indicator/sign 间歇标志

players' kit boxes 运动员衣物筐

mopping brooms　拖把

towels　毛巾

vacuum cleaner　吸尘器

2. 羽毛球场地用语

1)　场区用语

court　球场

combination court　单打、双打合用的球场

doubles court　双打球场

single court　单打球场

backcourt　后场

backcourt player　后场球员

forecourt　前场

forecourt player　前场球员

singles service court　单打发球区

doubles service court　双打发球区

service court　发球区

left court　左场区

left service court　左发球区

right court　右场区

right service court　右发球区

alley　单打线和双打线之间的细长地带

back alley　单打端线和双打端线之间的细长地带

playing area　比赛场地

flooring　场区地面

wooden, sprung flooring　有弹性的木制地板

wooden court　木板场地

dirt court　泥地场地

court mats　专用塑胶场地

2)　场地线条用语

back boundary line, backcourt boundary　端线(单打后发球线)

base line　端线

centre line, mid court line　中线

side line, side boundary line　边线

inside side line(单、双打线都有的场地)单打边线

outside side line(单、双打线都有的场地)双打边线

corners of backcourt　后场两角

doubles service line　双打发球线

front service line, short service line　前发球线

rear service line, long service line (双打)后发球线

net tape, white tape, band 网顶白布条、网带

3. 普通训练用语

training 训练

hard training 大运动量训练

all-round technique 全面技术

under-training 训练不足

training schedule 训练日程

layoff 训练中的过渡期

training method 训练方法

training program 训练安排

training plan 训练计划

training period 训练周期

training target 训练指标

training time 训练时间

over-training 训练过度

phase 训练阶段

volume/amount of exercise 训练量

training session 训练期

personal/individual skill 个人技巧

basic skills, essential technique 基本功

court manner 场上作风

warming-up(exercise)准备活动

simulator 模拟训练

counter-acting exercise 对抗训练

cooling-down(exercise) 整理活动

sportsmanship 体育道德

amount of exercises 运动量

to limber up/to warm up 做准备活动

demonstration 示范

to take on.../to be drawn with/to encounter…speed 与…交锋

to put on speed/to pick up speed 加快速度

strength 力量

stamina/endurance 耐力

perseverance 毅力

agility/flexibility 灵敏性

accuracy 准确性

footwork 步法

stance 姿势

fake 假动作

tour de force/unique skill/work of genius 绝招

Friendship first, competition second. 友谊第一，比赛第二

Friendship comes before cups and solidarity stands above victory. 友谊胜过奖杯，团结重于胜利

to swap experience 交流经验

to share technique 切磋技艺

to pass on one's experience 传授经验

to learn with an open mind 虚心学习

not to be conceited with success or discouraged by failure/not to be dizzy with success or discouraged by failure/not to become cocky with success or downcast over defeat 胜不骄，败不馁

militant spirit of perseverance 顽强的战斗风格

to put up a good fight 打得精彩

to display unusual courage 表现出非凡的勇气

to play a plucky game against strong opposition 奋战强劲敌手

be daring and courageous in one's match against stung opponent 不畏强手，敢打敢拼

unremitting efforts 不懈努力

with strong determination 斗志顽强

to throw oneself into the match with drive and mounting militancy 精神饱满，斗志昂扬

to have a strong fighting will/to maintain a tenacious fighting will 斗志旺盛

to counter in with a steady game 沉着应战

in top gear 技术发挥好

in a row 一鼓作气

good coordination 配合好

good offence 进攻好

weak defense 防守差

with close scores 比分接近

score against 比分落后

to take five successive points 连得 5 分

to narrow the gap 缩小差距

to equalize the score 拉平比分

a great disparity in strength 实力悬殊

worthy opponent 实力相当的双方

close game 激烈的比赛

to reach the climax 达到高潮

4. 击球技术用语

1) 握拍用语

forehand 正拍

backhand 反拍

grip 握拍法

backhand grip 反手握法

forehand grip 正手握拍法

2) 击球动作与球路用语

backswing 往后撤拍(准备击球)

deception 假动作

preliminary feint (发球时的) 假动作

delivery of service 发球动作

full strike 全力击球

full swing 全力挥拍

high backhand stroke 上手反拍击球

overhand stroke 上手击球(高于头顶的击球)

overhead stroke 打头顶球(位于头顶的击球)

round-the-head stroke 绕头顶击球

shoulder-high drive 与肩齐高的平抽球

side-arm stroke 低手击球

strike 击(球)

intercept 截击

cut 切球

smash 杀球

forehand smash 正手杀球

backhand smash 反手杀球

around the head smash 过顶杀球

consecutive kill 连续扣杀

return 回球

retrieve 救球

rushing ①冲上网；②扑球

sliding step 滑步

footwork 步法

drop shot 吊网前球

drive 平击球、平抽球

net play 网前击球(技术)

net shot 网前放小球、网前搓球

net kill 网前扑球

net lift　网前挑球(推后场)

clear　平高球

high clear　高远球

cross-court　斜线球

deep shot　深球(打到对方底线附近的球)

driven clear　平抽高球

lift　近网挑球

hairpin shot　"夹发针"球(在网前贴近地面的轻挑短球)

low shot　低平球

straight　直线球

descent　(球)下降

flight　(球)飞行

3)　发、接发球用语

high serve　发高球

deep high service，long high service　发高远球

low serve　发小球

short low service　发短低球(刚到前发球线的小球)

flick serve　发平高球(比高远球要低些，比低平球要高些)

drive serve，flat service　发低平球(比平高球要低些)

serve deep　发深球(发至后场的球)

long service　发远球(发至后场的球)

return of service　接发球

4)　其他用语

abnormal flight　(球)飞行不正常

accuracy of placement　落点的准确性

miss　击球未中

play safe　打保险球

poacher　(双打)抢打同伴的球

5. 战术用语

front and back　(双打)前后站位打法(常用于混双)

rotation system　(双打)轮转配合打法

half-court shot　半场球(对付前后站位防守的打法)

defense and fight back　防守反击

net game, net play　网前打法

pairing　(双打)配对

partner　(双打)同伴

players' positions　队员方位

6. 规则用语

1) 一般规则用语

game 局

game point 局点

dead bird 死球

match 场

match point 场点、赛点

linesman 司线员

referee 裁判员

service judge 发球裁判员

mixed double 混合双打

men's singles 男单

men's doubles 男双

women's singles 女单

women's doubles 女双

2) 比赛过程用语

grudge match 旗鼓相当的比赛

change the server，alternate in serving 换发球

change courts 交换场地

change service courts 互换左右发球区，互换方位

choice of court ends or service 选择场地或发球权

odd number of points 单数分数

even number of points 双数分数

order of survive 发球次序

deuce 局末平分

in (球)在界内

out (球)在界外

receiving side 接发球一方

second server 第二发球

Love all，play！ 零比零，开始比赛！

Set 2 points！ 再赛两分！

Ace，service ace！ 发球得分！

Service over！ (单打)换发球！

3) 犯规用语

racket head above the hand 拍框上沿高于手(发球违例)

serving above the waist 高于腰部的发球(发球违例)

serve from the wrong-service court 发球站错方位

short (发球时的)短球

touch the net　触网

unclean hit　有拖带动作的击球

double hit　连击

fault　①失误；②犯规

faulty serving　发球违例

foul hit　击球犯规

out of position　站错位

good return　合法还击

good service　合法发球

score cancelled　得分无效

balk　发球时一方扰乱对方